TPACK 视域下高校教师智慧教学能力提升的研究与实践

魏会廷　著

中国农业出版社

北　京

图书在版编目（CIP）数据

TPACK 视域下高校教师智慧教学能力提升的研究与实践 / 魏会廷著. —北京：中国农业出版社，2024.4
ISBN 978-7-109-31944-8

Ⅰ.①T… Ⅱ.①魏… Ⅲ.①高等学校－教师－教学能力－研究 Ⅳ.①G645.12

中国国家版本馆 CIP 数据核字（2024）第 088115 号

中国农业出版社出版

地址：北京市朝阳区麦子店街 18 号楼
邮编：100125
责任编辑：郑　君　　文字编辑：张斗艳
版式设计：小荷博睿　　责任校对：吴丽婷
印刷：北京中兴印刷有限公司
版次：2024 年 4 月第 1 版
印次：2024 年 4 月北京第 1 次印刷
发行：新华书店北京发行所
开本：700mm×1000mm　1/16
印张：13
字数：200 千字
定价：68.00 元

本书系河南省 2021 年高等教育教学改革研究与实践项目"TPACK 视域下高校教师智慧教学能力提升路径研究与实践"（项目编号：2021SJGLX517）、河南省 2023 年高等学校重点科研项目"高等教育高质量发展视域下高校教师智慧教学能力培养策略研究"（项目编号：23A880018）、河南省 2023 年度哲学社会科学规划项目"数字技术赋能河南省高素质农民培育的内在机制与推进路径研究"（项目编号：2023BJY041）研究成果。

提升智慧教学能力　共创未来高质量教育

　　提升高校教师智慧教学能力，对于推动高等教育高质量发展，实现高等教育数字化转型具有重要意义。近年来，国家大力支持开展智慧教育、智慧教学，印发《教育信息化 2.0 行动计划》《中国教育现代化2035》《"十四五"数字经济发展规划》等文件，提出"大力推进智能教育""利用智能技术加快推动人才培养模式、教学方法改革"；河南省也发布《河南省本科高等学校智慧教学三年行动计划》，提出"构建个性化、多样化、终身化的智慧教学新生态"。在推进高校智慧教学内涵式发展、加快构建高质量人才培养新格局的过程中，高校教师的智慧教学能力在其中发挥着至关重要的作用。

　　面对人工智能技术与教育教学深度融合的需求，高校教师也迫切需要更新教育理念，创新教学手段，提升智慧素养与智慧教学能力，探索以智慧教学为重心的育人模式创新性，不断实现智慧教学的高质量发展。TPACK 理论描述了教师对技术知识、学科内容知识和教学法知识三者如何交互以产生有效整合技术教学的理解，可以较好地解释与分析智能时代教师专业知识构成，为探索高校智慧教学发展提供了独特的研究视角，为高校开展教师智慧教学研训、教师开展智慧教学、学生自主化学习提供了理论依据。

　　魏会廷老师长期从事教师专业发展、教育教学相关领域的科研及一线教学工作，积累了丰富的研究与实践经验，形成了系列化的研究成果。本书作为相关课题研究的进一步延伸，在总结国内外高校智慧教学研究经验的基础上，从TPACK理论角度出发，分析高校教师智慧教学能力结构，构建高校教师智慧教学能力评价指标体系，并立足于高校教师智慧教学能力的实际情况和发展需求，从思想观念、专业知识、教学培训等多个方面明确高校教师智慧教学能力提升的路径。该书丰富了高校智慧教学相关理论研究，对于建设智能时代高素质、专业化、创新型的教师队伍，发展更加公平、更高质量的教育具有重要意义。

赵慧臣

河南大学教授、博士生导师、博士后合作导师

河南省教育学会教育技术专业委员会秘书长

中国教育技术协会人工智能专业委员会常务理事

让智慧教学之花在校园里尽情绽放

　　随着科技的飞速发展，教育领域也在不断地进行着改革和创新。近几年来，国家关于"教育数字化转型""教育高质量发展""全面提高人才自主培养质量，着力造就拔尖创新人才"等的政策文件也接连发布。在这样的背景下，魏会廷老师的《TPACK视域下高校教师智慧教学能力提升的研究与实践》应势而来。本书提供了一个全新的视角，让我们深入探讨基于TPACK理论的智慧教学的发展路径和实施策略。这本书，讲的就是人工智能时代与高等教育高质量发展背景下，高校教师应该具备什么样的智慧教学能力，以及如何提升能力这一核心问题。这本书从理论和实践两个层面，深入分析了智慧教学的内涵、特点、实施方法以及面临的挑战，为我们提供了宝贵的经验和启示。

　　提升高等学校教师的智慧教学能力是高等教育信息化、高等教育高质量发展的必由之路。我眼中的智慧教学是教师要善于利用智能技术的智慧，融合教师自身的教学智慧，从而实现大学生的智慧发展，其中教师掌握智能技术赋能课堂教学的方法是关键。但是，通过多年的高等教育教学改革，我们可以看到，改变一个人的教学理念和教学方法是很难的，要让高校教师从传统教学走向智慧教学更是难上加难。这本书为高校教师开展智慧教学提供了明确指向。

　　作为一名高校教师，特别是教育技术学专业的高校教师，我既是智慧教学的研究者，也是智慧教学的践行者，更是智慧教学的受益者。说来话长，从 2011 年开始的本科教学中，我开始尝试探索应用 SaKai 开源在线教学平台开展线上线下相结合的混合式教学，实现了课件等相关学习资源的线上化、师生和生生之间的线上交流和互动。后来尝试基于 QQ 群开展翻转课堂的教学实践，随着信息技术和智能技术的发展，又开始使用雨课堂等开展翻转课堂、项目式教学、面向深度学习的逆向教学实践。随着智能技术的不断发展，我尝试应用多样化的教学方法进行教学创新。在整个探索实践过程中，感受到课堂更灵动了，学生的思维更活跃了，学生更喜欢问问题了，学生学习更投入了，学生的学业成绩提升了。

《TPACK 视域下高校教师智慧教学能力提升的研究与实践》一书，是对高校教师在智慧教学能力提升方面的一次深入研究与实践。这本书集结了魏会廷老师的智慧和经验，旨在为广大高校教师提供可行的路径和方法，帮助大家在当今智能化时代更好地运用技术、学科知识和教学法原理，提高教学效果和学生学习成果。这本书为我们提供了研究"高校智慧教学和高校教师智慧能力提升"的新颖视角和思考方式，让我们更加深入地认识到智慧教学的重要性、提升和实施路径、发展趋势等。我相信，这本书会是近阶段教育领域的一部佳作，为教育改革和发展提供有力的支持和借鉴。我衷心推荐这本书给所有关注教育改革和教育发展的朋友们，让我们一起为智慧教学的未来而努力！

卜彩雨

教育技术学博士

河南师范大学教授、博士生导师

河南省电化教育专家委员会委员

中国教育学会中小学信息技术学会常务理事

前言

　　高等教育发展水平，体现和决定一个国家综合发展水平和实力。办好高等教育，是事关国家发展大计和中华民族伟大复兴中国梦的重要内容和必由之路。我国高等教育要紧紧围绕实现"两个一百年"奋斗目标、实现中华民族伟大复兴的中国梦，源源不断培养大批德才兼备的优秀人才。《中共中央关于制定国民经济和社会发展第十四个五年规划和二〇三五年远景目标的建议》也提出要提高高等教育质量，从而建设高质量教育体系的战略部署。特别是以人工智能、大数据、云计算、移动互联网为代表的新一代信息技术在教育教学中的逐渐普及应用，标志智能教育时代的大门已经开启。深入发展智慧教育已经成为新时代我国教育教学改革的必然趋势和战略选择。为了推动智能环境下教育教学变革，我国先后多次出台相关政策文件。在国家政策文件的指引下，全国高校都开始积极建设以智慧教室为典型代表的智慧教学环境，试图通过加持新一代信息技术，变革传统模式，促进教育教学改革，创新人才培养模式。然而智慧教学设施并不是什么神奇的"魔法"，教师才是真正的"魔法师"，智慧教育教学开展得如何，关键要看教师如何运用。因此，高校要想开展好智慧教学工作，推进新一代信息技术与教育教学深度融合，增强智慧教学环境建设应用成效，就必须不断提升广大教师的智慧教学能力。

　　本书试图在总结、吸收 TPACK 理论精髓以及国内外智慧教学的宝贵经验的基础上，立足我国国情和河南省高校实际，构建一条适合高校智慧教育和智慧教学发展的高校教师智慧教学能力提升路径，促进高校智慧教学向纵深发展。

有鉴于此，本书主要从以下几个方面进行研究：

第一，高等教育发展背景与智慧教育教学研究。笔者立足高等教育高质量要求的大背景，基于 TPACK 理论探寻高校智慧教学和教师智慧教学能力的培养，对智慧教育、智慧教学与教师智慧教学能力的概念进行界定。其中，智慧教学是人工智能、大数据、云计算、移动互联网等新一代信息技术与教育教学融合催生出来的新型教学形态。与普通多媒体辅助教学相比，智慧教学在目标取向、教学理念、教学方式、教师职责、教学技术应用、教学空间布置等方面都发生了质的变化。基于智慧教学发展的新要求，笔者认为教师智慧教学能力是指教师在人工智能、大数据、云计算、移动互联网等新一代信息技术所构建的智慧教学环境下，以发展学生核心素养、提升学生关键能力为目标，以现代教育理念为指导，主动灵活运用各种智慧技术手段，有效创设学习环境、开发课程资源、设计教学活动方案、实施教学活动、评价学习成效，并通过反思不断改进和创新教学方式的能力。

第二，TPACK 理论及其对高校教师智慧教学能力结构的研究。推动高校智慧教学改革，是我国实施教育信息化 2.0 行动计划，大力推进高校数字化转型的重要抓手。高校教师的智慧教学能力建立在教师的基本教学能力之上，是教师信息化教学能力在智慧教学中的具体表现。主动适应信息化变革，积极利用新一代信息技术赋能创新教学方法是广大高校教师的共同使命。为此，高校教师就必须清楚智慧教学环境下教师教学能力构成，从而更好地提升自己的智慧教学能力。TPACK 理论契合高校智慧教学发展需要，运用 TPACK 理论对高校教师智慧教学能力进行学理研究，可以为高校开展相关培训以及教师自主专业发展提供参考依据，形成指导高校教师智慧教学能力发展实践的科学理论基础。另外，该理论阐释的高校教师智慧教学能力的具体内容可以更加清晰呈现智慧教学对教师信息化教学能力的新要求。高校教师智慧教学能力的构成要素可以划分为意识与理念、知识与技能、设计与开发、实施与评价、反思与创新五个维度。

第三，高校教师智慧教学能力评价指标体系构建及实证调查研究。笔者基于 TPACK 对高校教师智慧教学能力结构分析的结果，根据智慧教学发展的需要，按照科学、客观、有效、可操作的原则，初步拟制了高校教师智慧教学能力评价指标体系，进一步采用德尔菲法（专家调查法）对指标体系进行了修订，采用层次分析法确定了指标体系的权重，最后通过实证研究方法对理论成果进行验证和修正，做出客观和公平的反馈。

第四，国外智慧教育教学能力培养的经验与启示。在本部分内容中，笔者对孔敬大学（KKU）的智能课堂管理项目、日本的教师智慧教学能力培养项目、英国的 Digital School House 项目在教师智慧教学能力培养方面的实践进行研究，总结了一些值得借鉴的经验，对我们的高校教师智慧教学能力提升路径构建将带来一定启示。

第五，高校教师智慧教学能力提升路径研究。从操作层面上研究高校智慧教学能力的提升，构建适应和促进高等教育教学改革发展的普遍提升路径与策略，以此为基本思路进行尝试和探索。因此，基于对高校教师智慧教学能力状况调查结果和影响因素的分析，并结合智慧教学实践反思，本研究提出了基于 TPACK 理论的"观念转变—知识结构—能力培训—实践反思—环境保障"高校教师智慧教学能力提升路径。

第六，高校教师智慧教学能力研究成果的推广应用。笔者认为提升高校教师智慧教学能力要以转变教师教学观念和技术观念为前提，以优化教师专业知识结构为基础，以抓好智慧教学能力培训为重点，以开展智慧教学实践反思为关键，以良好的智慧教学"硬环境"和"软环境"为保障。在实践应用层面，本研究以许昌学院为对象，从院系和学校两个层面开展高校教师智慧教学能力提升实践行动，并将研究成果推广到省内三所兄弟院校，已经产生良好效果，后续将进一步凝练特色，加大推广应用，不断提升社会影响力和价值。

本书是笔者对新时代高等教育高质量发展形势下高校教师智慧教学能力的思考、研究与实践，既有对 TPACK 理论观点和结论的印证，也有补充和丰富，更有一些对高校教师智慧教学能力提升路径的思考与沉淀。笔者期待本书能为同行研究者提供研究参考，为高校及相关部门提供决策借鉴，从而使高校智慧教育教学蓬勃发展。本书的完成得到了河南大学教育科学学院博士研究生导师赵慧臣教授、河南师范大学教育学部博士生导师卜彩丽教授、周口师范学院硕士研究生导师陈永光教授等专家的指导和帮助！也得到了学校教务处、科研处和教师发展中心（以下可简称"教师中心"）等职能部门的关注、指导和支持！也得益于中国农业出版社闫保荣老师对我们课题组所做研究的密切关注以及充分信任！本书中也引用了国内外部分专家学者的观点和材料，在此不再一一列出，而是一并提出感谢。

高校智慧教学的发展是一个动态的、不断深化的过程，需要与时俱进开展研究。本书作为笔者主持的高等教育教学改革与实践项目的研究成果，科学性还有待更多应用实践的检验，理论成果有待不断修正和优化。笔者的理论水平和操作能力有限，内容难免有纰漏，敬请各位专家、读者谅解，并不吝赐教。

作　者

2023 年 10 月于许昌

目录

绪　　论

　　高等教育发展水平，体现和决定一个国家综合发展水平和实力。办好高等教育，是事关国家发展大计和中华民族伟大复兴中国梦的重要内容和必由之路。习近平总书记曾指出："我国高等教育要紧紧围绕实现'两个一百年'奋斗目标、实现中华民族伟大复兴的中国梦，源源不断培养大批德才兼备的优秀人才。"《中共中央关于制定国民经济和社会发展第十四个五年规划和二〇三五年远景目标的建议》也提出要提升高等教育质量，从而建设高质量教育体系的战略部署。高等教育教学改革需要新理念、新技术和新模式的出现，而智慧教育教学的出现，不仅是人工智能、大数据、云计算、移动互联网等技术发展与普及的结果，更是提高高等教育教学质量和人才培养质量的必然选择。当前，探索如何科学构建高校智慧教育、智慧教学发展体系，形成高校教师智慧教学能力发展实践策略，并让它真正起到促进高等教育改革发展的作用，将成为高等教育领域的重要话题。

1.1　项目研究背景

1.1.1　国内外对高等教育发展质量的重视

　　2022年5月，在西班牙巴塞罗那召开的第三届联合国教科文组织世界高等教育大会提出：在当今时代，世界高等教育要重塑高等教育的理念和实践，全力确保地球和人类的可持续发展。此次高等教育大会也把"培养探究式、批判性思维和创造力""将人才和创新优势转化为竞争优势"等共识作为塑造高等教育未来的原则，为世界高等教育人才培养指明了方向，也给我国高等教育高质量发展带来了启示。

近年来，高等教育也越来越受到政府和全社会的高度重视。2018年，新时代全国高等学校本科教育工作会议召开；2020年，全国研究生教育会议召开。我国近几年的高等教育大会，提出了人才培养是高等教育发展的主旋律。我国教育部发展规划司公布的数据（2021年版）显示，我国接受高等教育的人数已有2亿多，新增劳动力的平均受教育的时长已达到13年多。我国已初步建成世界上规模最大的高等教育体系，在校大学生总数已经有4 000万余人，高等教育的毛入学率从2012年的30%提升到2021年的58%左右。我国高等教育实现了历史性的跨越，已经进入了世界公认的高等教育普及化阶段。可以说，我国高等教育的发展轨迹，已从规模扩大转向办学质量提升和办学实力增强，从高等教育大国大步迈向高等教育强国，走向了高等教育内涵式、高质量发展。

1.1.2 我国高等教育人才培养质量对智慧教育教学的诉求

在高等教育大众化、多元化的发展进程中，经济社会发展对高等教育人才培养质量、需求结构也发生了巨大变化。高校须适应新时代社会各行各业发展的新要求，不断改革人才培养模式，创新人才资源开发的方式，并依托高校的地方特色和学科优势，不断促使高校教育教学价值得到充分发挥。然而，当前我国高等教育人才培养方式、高校教学工作还存在一些突出问题：一是高校教学工作多侧重对学生理论知识的传授，理论课与实践课往往相脱节，教师教育理念滞后，教育教学行为传统，对创新性课程关注不够，直接影响学生的求知欲和探究能力的发展，因此，高校教育教学模式有待进一步改善与优化。二是教师在教学过程中，占据绝对主导与主体地位，课堂教学常常以"一刀切"和"填鸭式"的教学方法为主，往往照本宣科地讲解教材内容，大多数大学生学习缺乏积极主动性，处于被动学习的地位，创新能力、发散思维能力及自主能力受到明显束缚，得不到有效的锻炼。

因此，高等教育人才培养质量新要求倒逼高校教育教学改革，智慧教育和智慧教学应运而生。以人工智能、大数据、云计算、移动互联网为代表的新一代信息技术在教育教学中的逐渐普及应用，标志智能教育时代的大门已经开启，深入发展智慧教育已经成为新时代我国教育教学改革的必然趋势和战略选择。为了推动智能环境下教育教学变革，我国多次出台相关政策文件。2018 年 4 月，教育部发布《教育信息化 2.0 行动计划》，将智慧教育创新发展行动作为八大行动之一，提出"大力推进智能教育，开展以学习者为中心的智能化教学支持环境建设""利用智能技术加快推动人才培养模式、教学方法改革"。2019 年 2 月，中共中央、国务院印发《中国教育现代化 2035》，将加快信息化时代教育变革作为十大战略任务之一，提出"统筹建设一体化智能化教学、管理与服务平台""利用现代技术加快推动人才培养模式改革，实现规模化教育与个性化培养的有机结合"。2021 年 7 月，《教育部等六部门关于推进教育新型基础设施建设构建高质量教育支撑体系的指导意见》，把教育新基建作为教育高质量发展的重要保障，提出"支持有条件的学校利用信息技术升级教学设施""完善智慧教学设施"。在这些政策的指引下，全国高校都开始积极创造以智慧教室为典型代表的智慧教学环境，试图通过加持新一代信息技术，变革传统模式，促进教育教学改革，创新人才培养模式。然而智慧教学设施并不是什么神奇的"魔法"，教师才是真正的"魔法师"，智慧教育教学开展得如何，关键要看教师如何运用。正如英特尔前

CEO克瑞格·贝瑞特博士所说，如果教师不了解如何更加有效地运用技术，所有与教育有关的技术都将没有任何意义。因此，高校要想开展好智慧教学工作，推进新一代信息技术与教育教学深度融合，增强智慧教学环境建设应用成效，就必须不断提升广大教师的智慧教学能力。

当前国内很多高校都已经意识到教师智慧教学能力对于智慧教育的重要性，纷纷开始开展相关培训工作。部分省份甚至已经开始从省级层面着手推进高校教师智慧教学能力提升，如河南省教育厅于2021年10月就专门印发《河南省本科高等学校智慧教学三年行动计划》，提出实施"教师智慧素养培训工程"和"智慧教学名师建设工程"，着力提升教师智慧教学能力。然而与热情高涨的培训行动相比，学术界对教师智慧教学能力的研究却相对滞后，对智慧教学能力究竟是什么、由哪些要素构成、如何评价和有效提升等问题，还缺乏系统深入的回答。

在智慧教学中，教师教学和学生学习活动从原来的使用黑板转变为使用多媒体工具，从固定场所地学习转变为现在随时随地地学习，从单方面地讲课转变为以学生为中心地教学。另外，科学研究需要解决复杂的计算和分析任务，包括高性能计算、高性能数据分析、大数据，对人工智能等技术的依赖程度正在增加。如今，大数据已成为精细化管理和服务的决策基础。管理者必须实时掌握各服务系统的重要信息。总之，高等教育教学改革对智慧教育教学的需求是时代发展的必然。智慧教育教学能够提供更好的更智慧的教学环境和教学方法，解决当前高校教学中存在的问题，提高高校教学质量和人才培养质量。相应地，专家学者也需要进一步研究和探索智慧教育教学的应用、推广和发展，以更好地服务于高等教育教学，提高人才培养质量。

1.2 理论与实践研究综述

1.2.1 理论研究现状

随着科技的发展，智慧教学研究在国内外都得到了广泛关注。特别是在国外，智能信息技术与教学的深度融合成为研究的重点。他们认为，智能信息技术可以为教学提供更多的可能性，可以更好地满足学生的个性化需求，有助于提高教学效果和质量。国外的研究主要侧重于如何通过智能信息技术来培养具有 21 世纪生存技能和核心素养的创新型人才。他们认为，这种深度融合不仅可以提高教学效率，还可以激发学生的学习兴趣和创新能力，从而培养出更多具有创新精神和批判性思维的人才。

国内对于智慧教学的研究也涉及了多个方面，包括内涵及特征、技术支撑及体系架构、智慧教学环境、智慧课堂、智慧学习模式等。相比之下，国内的研究则更加注重智慧教学在教育改革中的应用和推广。他们认为，智慧教学可以更好地适应教育信息化和现代化的趋势，提高教学质量和学生的学习效果。因此，国内的研究主要集中在如何将智慧教学理念和技术应用于实际教学中，如何构建智慧教学环境，以及如何培养教师的智慧教学能力等方面。国内学者对教师智慧教学能力的具体表现和智慧教育时代教师知识框架也进行了深入研究，如杨鑫、解月光（2019）等。他们的研究旨在提高教师的智慧教学能力，以更好地适应智慧教育时代的需求。同时，国内学者孙聘（2018）构建了中小学教师智慧教学能力评价指标体系，为教师智慧教学的评估提供了参考依据。该体系从多个维度对教师的智慧教学能力进行了评估，包括教学设计能力、教学实施能力、教学反思能力等多个方面，有助于教师更好地了解自己的教学能力和需要改进的地方。

总的来说，国内外对于智慧教学的研究都在不断深入和发展中。国外旨在通过智能信息技术与教学的深度融合，培养具有 21 世纪生存技能和核心素养的创新型人才。国内的研究则更注重实践和应用，旨在为教师智慧教学的实践提供更多的理论支持和指导。

1.2.2 实践探索现状

2020 年 10 月，教育部党组发表《开启全面建设高素质专业化创新型教师队伍新征程》一文，号召教师主动适应信息化、人工智能等新技术变革，积极探索新时代教育教学方法。2021 年 7 月，河南省教育厅发布了《河南省本科高等学校智慧教学三年行动计划》，提出通过实施教师智慧素养培训工程和智慧教学名师建设工程，来优化高校教师智慧教学技能。这一计划得到了河南省内各大高校的高度重视，他们积极响应并开始实施这一计划。这将有助于高校智慧教学的发展，培养出更多高素质、专业化、创新型人才，为河南省乃至全国的经济社会发展做出更大贡献。

1.2.3 已有研究述评

尽管国家正在自上而下地推进提升高校教师智慧教学能力，但当前关于智慧教学能力的研究仍然相对匮乏。虽然已经有一些智慧教学能力评价体系，但这些评价体系的指标描述往往停留在表面，还缺乏对其有效性的验证。同时，教师智慧教学能力提升的路径也需要不断拓展和深化。在教育技术领域，TPACK（整合技术的学科教学知识）是公认的一种用以分析信息化环境下教师教学能力结构的理论。因此，对于高校智慧教学能力的结构分析，TPACK 理论更为有效。该理论不仅关注教师的技术掌握和应用能力，还强调教师对学科内容、教学方法和技术的整合能力。

本研究基于 TPACK 视域，对高校教师智慧教学能力提升路径进行深入研究和实践。TPACK 理论将帮助我们更好地理解信息化环境下高校教师的智慧教学能力结构，进而提供更有效的提升路径。高校教师将通过实践和学习如何整合技术到教学中，更好地满足学生的个性化需求，培养他们的核心素养，以适应未来教育的挑战。我们期待本研究成果能为高校教师智慧教学能力的提升提供新的思路和方法。

1.3 研究理论基础及其价值

1.3.1 教师专业发展理论

教师专业发展，是教师长期、持续、不断进步的过程，教师在这个过程中不断学习、反思和探究，以拓宽自己的专业领域，提高自己的专业水平。在这个过程中，教师需要不断地吸收新知识，更新教育理念，掌握新的教学方法和技巧，以适应教育变革的需求。同时，教师也需要对自己的教学实践进行反思，总结经验教训，不断提高自己的教学能力和专业素养。最终，教师通过不断的学习、反思和探究，达到专业成熟的境界，成为一位优秀的教育工作者。国内专家学者把教师专业发展理论分为了解阶段、应用阶段、整合阶段和创新阶段等四个阶段。①在了解阶段，教师开始接触并学习使用技术，但可能由于心理上的抵制和畏惧，他们在课堂教学中仍为主导角色。在这个阶段，技术尚未对常规教学产生明显影响。②在应用阶段里，教师通过不断学习和实践，逐步掌握了将技术应用于教学的能力，他们获得了自信，并在课堂上积极尝试应用新的教学方法和策略。这种新的课堂组织形式的出现，意味着教育模式正在发生深刻的变革，也意味着教师正在为学生的学习提供更丰富、更有趣的学习环境。这种尝试和创新的精神，使教师成为教育改革的重要推动者，也使他们的专业发展进入了一个新的阶段。③在整合阶段，教师开始重新审视自己的角色，他们不再仅仅是知识的传授者，而是更倾向于成为学生学习的引导者和辅助者。在这个阶段，教师开始应用技术来改变传统的课堂结构和教学行为，以创造一个更加灵活、互动性强、以学生为中心的学习环境。④在创新阶段，教师能够根据具体的教学目标与需求，进行创造性地应用技术，他们能够设计出各种技术整合的教学活动和教学环境，为学生提供更加丰富、多元的学习体验。在这个阶段，教师不再局限于传统的教学方法，而是积极探索新的教学策略和技术，推动教育领域的发展。

教师专业发展理论为智慧教学能力的提升提供了强大的理论支持，强调教师在教学实践中不断学习、反思和成长，这与智慧教学的理念高度契合。这种理念意味着教师在教学过程中的智慧，它强调对学生个体差异的认知和理解，同时也关注教师的自我提升和发展。教师专业发展理论为教师提供了强大的理论框架，帮助他们更好地理解智慧教学的内涵，并在教学实践中运用智慧，为学生提供个性化的、有意义的学习体验。此外，它也强调教师之间的协作和共享，以便更好地提高教学效率和质量。这样的理念在当今教育改革的大背景下具有重要意义，因为它有助于培养更多具有创新思维和实践能力的优秀教师。

1.3.2 TPACK 理论的价值

与教师专业发展理论相比，TPACK 理论对高校智慧教学能力结构分析更有效。TPACK（Technological Pedagogical Content Knowledge，整合技术的学科教学知识）是教育技术领域公认的一种用以分析信息化环境下教师教学能力结构的理论。TPACK 理论描述了教师对技术知识、学科内容知识和教学法知识三者如何交互以产生有效的整合技术的教学的理解。

本研究基于 TPACK 视域分析高校教师智慧教学能力的结构，构建了高校教师智慧教学能力评价指标体系。通过对高校教师智慧教学能力的实际情况和发展需求进行调查，我们探寻出了一条有效的提升路径。这一研究的价值主要体现在以下几个方面：首先，深化了智慧教学环境下的 TPACK 理论研究，进一步丰富了智慧教学能力及其相关规律的研究。通过对高校教师智慧教学能力的深入研究，我们为教师提供了更加全面和科学的智慧教学能力要素，有助于更好地设计和开展智慧教学和智慧评价等活动。这不仅有助于高校培养熟练应用智能信息技术的新型教师，还有利于建设高素质专业化创新型教师队伍，实现智慧教学目的与智慧教学方式的深度融合，落实面向核心素养的高等教育课程改革与教育信息化 2.0 行动计划。其次，本研究为高校教师适应新技术变革提供了有力支持。在大数据、人工智能等新技术的推动下，教育观念和教学方式正在发生深刻变革。本研究为高校教师提供了适应这些变革的指导，帮助他们转变教育观念，提升个人教学智慧，提升智慧教学效果，从而真正使高校花巨资购买建设的智慧教室、搭建的智慧教学环境等发挥更大的效益。最后，本研究为智慧教学环境和智慧学习环境的构建和优化提供了科学依据和行动指南。TPACK 理论不仅提供了科学的理论支持，同时也为智慧教学环境、智慧学习环境的构建和优化提供了指导，提供了行动指南，成为一种基本遵循。

总之，TPACK 理论对高校智慧教学理论研究和实践活动的价值不容忽视。它不仅为高校教师提供了科学的理论支持，同时也为智慧教学环境的构建和优化提供了重要指导。这将对高校教育事业的发展产生深远影响。

1.4 项目研究内容与思路

1.4.1 项目研究内容

第一，我们需要基于 TPACK 理论，对高校教师应该具备的智慧教学能力的结构及其关键要素进行系统而深入的分析。我们需要明确智慧教学能力不仅仅是技术能力，还包括学科知识、教学知识以及技术整合能力等多个方面。通过对这些关键要素的分析，我们可以为高校教师提供更加全面和科学的智慧教学能力提升路径。

第二，根据高校教师智慧教学能力的关键要素，我们需要构建一个高校教师智慧教学能力评价指标体系，并设计和编制高校教师智慧教学能力状况调查量表和访谈提纲。通过这一体系和量表，我们可以对高校教师的智慧教学能力进行客观、准确和全面的评价，从而了解他们的实际情况和发展需求。

第三，通过问卷调查，我们可以了解高校教师智慧教学能力的实际情况，并对他们的智慧教学能力做出客观、准确和全面的评价。这一评价将为我们后续研究提供重要的参考依据，帮助我们了解高校教师智慧教学能力的现状和发展需求。

第四，通过深度访谈，我们可以分析影响高校教师智慧教学能力发展的制约因素，并了解高校教师智慧教学能力提升方面实际需要。通过与教师的深入交流，我们可以发现他们在智慧教学能力提升方面面临的困难和挑战，从而为后续的提升策略和路径提供重要依据。

第五，在充分了解高校教师智慧教学能力的实际情况和发展需求的基础上，我们需要探寻提升高校教师智慧教学能力的有效策略和路径。为此，我们需要结合理论研究和实证研究，为教师提供科学、可行和有效的提升路径。这些策略和路径包括培训、激励机制、教学环境优化等多个方面，将为提升高校教师的智慧教学能力提供理论指导和实施依据。

第六，我们需要通过试验研究，对所提出的高校教师智慧教学能力提升路径进行实证检验。这一检验将为我们提供重要的证据支持，帮助我们评价所提出路径的有效性和可行性。如果试验研究结果证明该路径是有效的，我们将在推广应用的基础上，进一步扩大其影响力和适用范围。

1.4.2 项目研究思路

明确项目研究思路对于高校教师智慧教学能力提升路径的研究具有至关重要的作用。首先，我们需要清晰地理解项目的研究目标、研究任务和内容，以便为后续的研究计划和执行方案的制定提供基础。其次，我们需要通过项目组成员之间的沟通和协作，确保项目研究的整体方向和内容得到准确理解，避免在实施过程中出现不该有的误解和偏差。在高校教师智慧教学能力提升路径的研究中，我们需要深入分析影响教师智慧教学能力发展的制约因素，了解教师智慧教学能力提升方面实际需要。我们可以通过深度访谈、问卷调查等多种方式获取相关信息，并对所获取的数据进行分析和处理。在明确项目研究思路的基础上，我们还需要进一步探寻提升高校教师智慧教学能力的有效策略和路径。

为了确保项目顺利实施，我们需要制定科学、可行和有效的研究计划和执行方案，并不断优化和调整。同时，我们还需要对项目研究成果的质量进行严格把控，确保其真实、准确和全面。通过以上研究思路的明确和实施，我们可以更好地保障项目成果质量，并为高校教师智慧教学能力的提升提供理论指导和实施依据。

因此，明确项目研究思路对于顺利实施项目研究，保障项目成果质量具有重要作用。这不仅有助于项目组成员更好地理解项目研究的整体目标、研究任务和内容，还有助于他们在项目实施过程中更好地沟通和协作，确保项目顺利进行并取得预期成果。本项目的主要研究思路如图 1-1 所示。

```
┌─────────────────────────────────────┐
│   TPACK理论与智慧教学理论梳理分析    │
└─────────────────────────────────────┘
                  ↓
┌─────────────────────────────────────┐
│   基于TPACK的高校教师智慧教学能力的  │
│         结构及其关键要素研究         │
└─────────────────────────────────────┘
                  ↓
┌─────────────────────────────────────┐
│   高校教师智慧教学能力评价指标体系构建│
└─────────────────────────────────────┘
         ↓                    ↓
┌──────────────────┐  ┌──────────────────┐
│ 编制高校教师智慧   │  │ 设计高校教师智慧   │
│ 教学能力状况调查量表│  │ 教学能力影响因素   │
│                   │  │ 及发展需求访谈提纲 │
└──────────────────┘  └──────────────────┘
         ↓                    ↓
┌──────────────────┐  ┌──────────────────┐
│ 高校教师智慧教学   │  │ 高校教师智慧教学   │
│ 能力的实际情况问卷 │  │ 能力影响因素及发展 │
│ 调查实施及分析     │  │ 需求访谈实施及分析 │
└──────────────────┘  └──────────────────┘
                  ↓
┌─────────────────────────────────────┐
│   提出提升高校教师智慧教学能力的策略和路径│
└─────────────────────────────────────┘
                  ↓
┌─────────────────────────────────────┐
│       开展试验，检验修正提升路径     │
└─────────────────────────────────────┘
                  ↓
┌─────────────────────────────────────┐
│       总结研究成果，开展推广应用     │
└─────────────────────────────────────┘
```

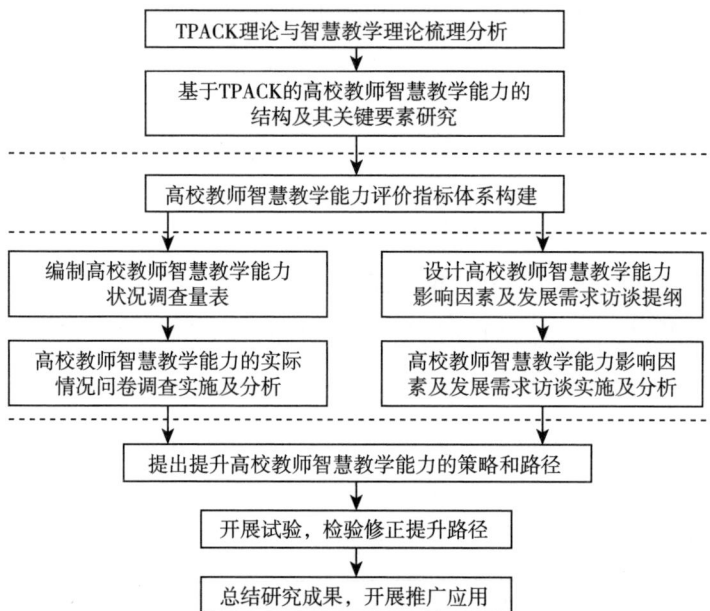

图 1-1　基于 TPACK 理论的高校智慧教学能力研究思路

1.5 可行性分析

1.5.1 项目负责人及团队保障

从项目负责人（笔者）的教育教学和科研经历来看，笔者具有丰富的信息技术教育教学与科研实践经验，主要承担《现代教育技术应用》和《课件制作基础与进阶》等课程。这些课程都是信息技术领域的重要内容，需要教师具备深厚的专业知识和丰富的教学经验。笔者教学考评一直优秀，教研水平较高，在教学实践中不仅注重教学方法和技巧的运用，还注重教学理论的研究和探索。笔者具有较强的组织管理能力，能够有效地组织和协调教学团队，推动教学改革和课程建设。近年来，发表了大量的教改论文，其中核心期刊论文 8 篇，出版了个人学术专著 2

部，在专业领域的研究成果得到了认可和肯定。

在教研方面，笔者主持或参与完成了多项省部级教研项目和市厅级项目，其中参与完成的省级高等教育教学改革项目荣获二等奖，这充分展示了笔者的教研能力和成果。此外，笔者还主持了校级教改课题2项，积极推动学校的教学改革和课程建设。在教研科研优秀成果方面，笔者获得了市厅级教研科研优秀成果一等奖8项。

从项目组成员的教育教学和科研经历来看，他们所在的学校本身就以教师教育为主导，具有丰富的教师教育质量保障的经验和措施。项目组的成员都从事教育技术、教育学、电子信息技术等教师教育的相关工作，具有深厚的现代教育技术实践经验。其中，陈永光教授已经完成了1项河南省高等教育教学改革研究与实践项目"体验学习视域下高校师范生信息技术应用能力培养研究与实践"，这为项目的顺利实施提供了直接的支持。徐来群教授则完成了河南省高等教育教学改革研究与实践项目"地方本科院校教师教育质量保障体系研究"。这些经历表明，项目组成员在教育教学和科研方面都具有较高的水平和实力。从项目组成员的职称结构来看，项目组中有2位教授、3位副教授和3位讲师，这表明项目组拥有丰富的教育经验和教学能力，能够为项目的顺利实施提供有力的支持和保障。从学历结构来看，项目组中有2位博士和6位硕士，这表明项目组拥有较为合理的知识结构和专业背景，能够为项目的实施提供强大的智力支持和人才保障。同时，项目组以中青年为主，具有较高的活力和创造力，能够为项目的实施提供持续的动力和创新能力。

从项目组成员的教育教学和科研经历、职称结构、学历结构等方面来看，项目组是一支结构较为合理、实力较强、具有较高水平和创造力的队伍，这些是课题顺利完成的智力资源和组织保障。

1.5.2 学校软硬件环境保障良好

第一，学校良好的专业发展氛围。作为一所以教师教育为传统的综合性地方院校，学校积累了丰富的教师教育质量保障体系经验，制定了相关制度，同时也有着浓厚的教师专业发展文化氛围。这种氛围为教师提供了良好的发展环境，促进了教师教育教学能力的提升。此外，学校每年都会举行教师课堂教学创新大赛，为教师提供了一个展示教学能力和创新思维的平台。在2021年，学校出台了《许昌学院本科教学工作审核评估整改工作方案》，该方案旨在结合"十四五"规划编制工作，根据"十四五"期间学科专业建设和人才培养的需要，进一步抓实教师教育教学能力的培养，提高学校教师队伍的内涵建设水平，促进教师的专业发展。学校还制定了教师专业能力培养的措施，要特别加强教师智慧教学能力的培养。许昌学院的专业发展氛围为项目提供了良好的环境和支持，为项目的顺利实施提供了有力的保障。

第二，学校的政策支持。许昌学院教务处作为学校主要的教学管理机构，对教学质量的要求非常高，并先后颁布了多项制度和政策，为项目的开展提供了有力的支持和保障。教务处颁布了《许昌学院教师教学质量考评办法》，通过科学合理的评价体系，对教师的教学质量进行全面评估和监督，确保教学质量得到有效保障。此外，教务处还颁布了《许昌学院教育教学研究项目管理办法》和《许昌学院优秀教学成果评选及奖励办法》等制度，为项目的实施提供了政策支持和激励，鼓励教师积极开展教育教学研究，提高教学水平和质量。这些制度的出台，为项目的顺利实施提供了坚实的政策和制度保障，为项目的顺利推进提供了有力支持。

第三，学校的硬件设施建设。学校已经建设完成一期智慧教室近100间。这些智慧教室配备了先进的多媒体设备和技术，能够实现智能化、互动化和个性化的教学，为教师提供了更多的教学资源和手段，同时也为学生提供了更加丰富和有趣的学习体验。这些硬件设施的建设，不仅为教学改革提供了很好的智慧教学环境，也为学校的教学质量和水平提供了有力保障。

第四，学校的经费支持。学校为获得省级教学改革项目提供了不少于5 000元的经费支持，以及高达400分的科研积分支持，这些经费不仅可以直接用于项目的实施和研究，还可以间接为教师省出更多的时间和精力投入项目的研究中，从而确保项目能够顺利进行并取得预期的成果。学校对教学改革项目的支持和投入，充分体现了学校对教学改革的重视和关注，也为学校的教学质量和水平的提升提供了有力保障。

TPACK 理论及其对
高校智慧教学的价值

　　教育理论经过专家学者长期的探索和验证，已取得了广泛的科学共识和实践认可。这一领域的研究成果不仅具有普遍适用的特性，更在研究问题的把握和关键因素的分析中展现出卓越的指导意义。教育理论为我们提供了深入研究的科学基础，引导我们更准确地理解教育现象，挖掘其背后的深层原因。学习教育理论，我们可以获得科学的思维方式和研究方法。我们学会了如何获取科学准确的数据，如何对数据进行系统分析，如何从数据中推导出有说服力的结论。这些过程和方法不仅提高了我们科研工作的质量和可信度，也使我们的研究更具针对性和有效性。教育理论是教育研究的重要支柱，它为我们的研究提供了科学的视角和理论基础。通过深入理解和运用教育理论，我们可以更好地把握教育问题的本质，找到关键因素，进而提高研究的质量和可信度。这不仅有助于我们更好地服务于教育实践，也为教育改革提供了有力的理论支持。

　　在高校智慧教学研究过程中，科学的理论基础至关重要。其中，与高校智慧教学密切相关的教育理论包括建构主义理论、多元智能理论、素质教育理论、教育信息化理论以及 TPACK 理论等。本次研究以 TPACK 理论作为基础和指导思想，该理论能够为高校智慧教学以及高校智慧教学能力的概念界定、能力结构分析等提供科学、有效的理论支持。TPACK 理论是信息技术与学科教学深度融合背景下形成的一种教育理论，强调教师在掌握专业知识的同时，如何灵活运用信息技术来提高教学效率。在高校智慧教学中，TPACK 理论可以帮助教师理解智慧教学的本质，掌握智慧教学的方法和技巧，从而更好地利用信息技术提高教学质量和效果。

通过深入研究和运用 TPACK 理论，我们可以进一步揭示高校智慧教学的特点和规律，为高校智慧教学的实践提供科学的理论指导。同时，我们还可以探索如何将 TPACK 理论与其他教育理论相结合，形成更为全面和系统的智慧教学理论体系，为高校教育的改革和发展提供有力的支持。

2.1 TPACK 的内涵与特征

2.1.1 TPACK 的内涵

TPACK 理论是基于 PCK（Pedagogical Content Knowledge，学科教学知识）理论而提出的。20 世纪 80 年代，斯坦福大学舒尔曼（Shulman　L. S.）教授针对美国教师专业资格认证制度中存在学科内容知识（Content Knowledge）和教学法知识（Pedagogical Knowledge）相互割裂的现象，提出 PCK 这一重要概念，进一步深化了对教师专业知识结构的认识。在 1985 年，舒尔曼教授只提出了以 PCK 为中心的三种知识领域。在之后的修订中，教育目的的知识、一般的教育方法的知识、学习者的知识等，概括性地把教师的知识加以界定的这一点被举出。但是，他自己也曾阐述 PCK 的优势。"在这些范畴中，PCK 是用于教学的具有代表性的知识体系，因此特别有趣。"PCK 是"超越教材知识本身，达到教材知识维度的教育方法知识"，达到了一种"教授可能性"。

数字技术的出现重塑了人类工作中几乎所有领域的惯例和实践。米什拉（Mishra　P.）等人基本赞同舒尔曼对教师知识的概念化，同时提出以下评价：虽然舒尔曼没有讨论技术、技术与教育方法、教育内容之间的关系，但并不认为这些问题不重要。他们认为随着技术的进步，特别是数字技术的出现，教学环境已经发生了显著变化。这些新技术已经或有可能改变教室的性质。因此，他们认为教师需要具备科技知识，以便更好地适应教育改革趋势。同时，在教师职业核心课程中，"各学科指导方法"和"教育的方法和技术"等也包含对信息技术的运用。当时的教育改革趋势之一，就是让教师和学生积极运用 ICT 等信息技术。

随着教师越来越重视将技术有效地引入教学，他们越来越重视所需的相关知识和技能。20 世纪 90 年代中期以来，现代信息技术在教育教学中的应用越来越广泛，技术知识逐渐成为教师专业知识体系中不可缺少的要素。传统以 PCK 为核心的教师专业知识理论已经不足以解释教师在信息化教学环境下开展有效教学需要哪些专业知识和素养。2005 年美国密歇根州立大学学者凯勒（Koehler M. J.）和米什拉在 PCK 的基础上，提出了 TPACK（整合技术的学科教学知识），以解释教师专业知识结构中学科内容知识、教学法知识和技术知识之间复杂的关系，为理解信息时代教师专业知识的内涵、结构及发展提供了新的理论视角。专家学者最初把 TPACK 梳理为七个知识领域，主要包括：①CK 指的是与实际学科相关的知识，包括有关某一领域的核心事实、概念、理论、步骤的知识；关于整理和连接思路的说明框架的知识；关于证据和证明规则的知识等。②PK 是关于教育和学习的过程、实践或方法的深入知识，特别是如何理解教育整体的目的、价值、目标，以及涉及学生学习、班级经营、授课计划的制定和实施、学生评价等所有问题的知识。③PCK 是关于特定内容的指导、教授方法的知识，包括知道哪种教学方法适合该内容，如何安排内容的要素以便更好地进行教学。④TK 是指如互联网、数字视频等高级技术知识，还包括操作特定技术所需的技能。此外，学习新技术并适应新技术的能力也非常重要。⑤TCK 是关于技术与内容之间的关联性知识，即通过新技术更灵活地运用多种表现形式的能力，同时也包括技术应用带来的教学内容本身的变化。⑥TPK 是关于教育和学习中使用的各种技术的存在、特性和优势的知识。与 TCK、PCK 不同，TPK 则是指知道使用特定技术后教育将如何变化的知识，包括选择合适的工具所需的技能以及如何利用工具。⑦TPACK是新形式的知识，它超越了内容知识、教授方法和技术三个要素，教师使用技术来帮助学生理解概念，运用建设性的技巧教授内容。对于如何运用技术解决问题也持有正确的理解和技巧，还包括学习如何与学生们建立紧密联系。技术理解对于概念的掌握很重要，这将有助于强化旧知识并建立新的认识论。同时，能够利用技术来强化旧知识的技术利用方法也是关键。

当前，TPACK 理论描述了教师对技术知识、学科内容知识和教学法知识三者如何交互以产生有效的整合技术的学科教学知识的理解，由三种核心知识要素、四种复合知识要素及境脉构成，如图 2-1 所示。

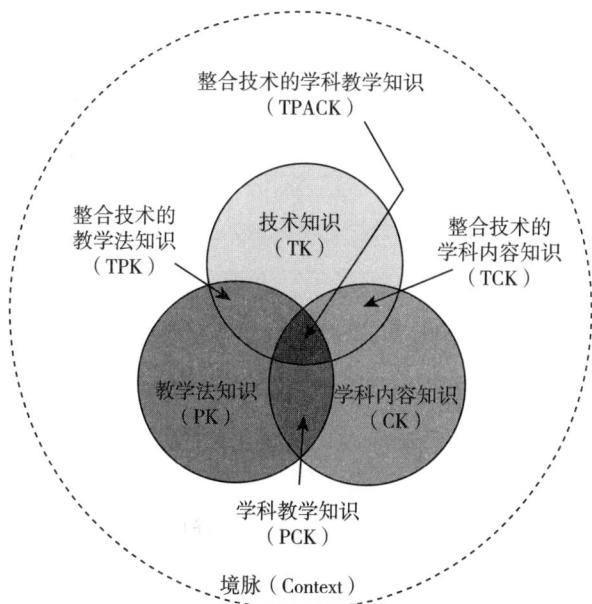

图 2-1　TPACK 理论框架及其组成

三种核心知识要素分别是技术知识（TK）、学科内容知识（CK）和教学法知识（PK）。技术知识（TK）主要指可以应用于教育教学的现代信息技术[①]，其功能具有不透明性，教育教学潜力需要不断被挖掘。主要包括很多不同的科学技术、为使用技术所需的技术技能、掌握重要的新技术、知道如何解决自身的技术问题等。学科内容知识（CK）指实际被教授或学习的学科内容。教师必须具备完备的学科内容知识，这是教师教学的基础。教学法知识（PK）指教学过程中应用的一般的教育学、心理学知识，具体包括关于学生、教学策略方法、教学设计、教学评价、学习资源、学习环境等的知识。

四种复合要素由三种核心知识要素交互融合生成，分别是学科教学知识（PCK）、整合技术的学科内容知识（TCK）、整合技术的教学法知识（TPK）和整合技术的学科教学知识（TPACK）。学科教学知识（PCK）指适用于具体学科内容教学的教学法知识，包括学生如何学习某学科的知识和教师如何教授该学科的知识；整合技术的学科内容知识（TCK）指教师对技术和学科内容相互影响、相互限制的一种理解，如哪些技术更适合用于教授和学习某一学科的知识内容等；整合技术的教学法知识（TPK）指如何在具体教学法中创造性地运用技术。整合技术的学科教学知识（TPACK）是一种新的知识形态，由学科内容、教学法和技术三个要素交互融合生成，指的是教师在特定的教学情境下，如何综合考虑学科内容、教学法和技术，把技术转化为解决教学问题的方案、促进学生学习的知识等。

境脉是 TPACK 框架中最复杂、最重要、最不具实体的成分。境脉指众多因素的协同作用，这些因素包括学校的理念与期望，课堂的物

---

① TPACK 理论框架中的技术可以泛指任何应用于教学的信息技术，不管是现代的还是传统的，但是大多传统教学技术（如黑板、粉笔、教科书、挂图等）是明确的、稳定的，功能是透明的，在教学中的应用已经是常态，往往不被教师视为"技术"。而教师和研究者关注的多数技术是新的、数字化的信息技术，因此这里技术知识（TK）主要指可以应用于教育教学的现代信息技术。

理特征（教室的大小、桌椅的类型及摆放、可用的软硬件基础设施等），学生认知、经验、生理、心理、社会特征，教师的经验和性格，等等。

深入理解 TPACK 理论必须以融合、互动的眼光来看待技术、学科内容、教学法三种知识，在理解 TPACK 基本构成的基础上，重点把握好以下几个方面：

第一，TPACK 框架旨在描述教师如何深入理解技术与学科教学的相互作用，突出技术在学科教学中的重要作用。TPACK 是整个 TPACK 框架的核心，是整个框架中最具价值的知识，但并不代表整个框架。因此，不能将 TPACK 和 TPACK 框架相混淆。

第二，TPACK 同时整合了学科内容知识、教学法知识和技术知识三种知识，TPACK 的生成以三种知识为基础，但并不是三种知识的简单叠加或组合，而是要将技术融合到具体学科内容教学的教学法知识当中去。

第三，TPACK 所诠释的教师知识是一种完整的知识，即教师使用恰当的技术促进学生学习，知道何时、何地和怎样使用特定领域的知识与方法的策略性的思维方式。TPACK 是教师利用技术开展有效学科教学的基础。

2.1.2　TPACK 的特征

凯勒和米什拉提出 TPACK 理论时指出复杂性、多变性和情境性是 TPACK 的三个特征，但并没有对这些特性作详细的说明。全美教师教育协会创新与技术委员会出版的 *Handbook of Technological Pedagogical Content Knowledge（TPACK）for Educators* 也没有对 TPACK 的特性作专门分析，这对认识和理解 TPACK 是极为不利的。只有准确全面地把握 TPACK 的特征，才能深刻理解 TPACK 理论。关于 TPK 的特征，我们可以通过考虑 TPK 和 TK 之间的关系来了解。

TPK致力于为所有学生创造不依赖于教学的有效的教育和学习环境，强调学生掌握技术利用的基本理解和特定技能，以及学习和适应新技术的能力之间的关系。TK强调关系的概念，是一个包含不断进化的技术的知识领域，因此存在过时的危险，但正因为如此，它是一个动态的知识随着变化和发展。TPK是创建和优化教师—学生状况所必需的知识，教师拥有丰富的TPK有助于学生更好地完成学业。TPK还具有"既一般化又依赖境脉"的特征。在这个意义上，TPK是在教学的过程中有效地运用技术来帮助学生更好地完成学业的知识，是既符合实际情况又以不依赖于学科的形式存在的动态知识。

（1）TPACK的复杂多变性

TPACK的形成虽然是用一张简单的维恩图表示的，教师和研究者可以清晰地看出TPACK由哪些知识构成，受什么影响，但TPACK实际上非常复杂。一方面，作为TPACK形成基础的三种核心知识要素，本身都是包含了大量庞杂内容的知识体，而且其中还有尚未探明的知识内容，TPACK自然面对着更多复杂不明的因素；另一方面TPACK是在复杂多变的课堂境脉影响下，由三种核心知识要素通过复杂交互生成的，这使实践中的TPACK知识变得更为复杂。此外，在整合技术的学科教学过程中，三种核心知识要素始终处于一种动态交互的状态，每一种要素的变化，都需要另两种要素发生改变来进行"补偿"，因此TPACK又是多变的。

当前，知识海量并且更新极快，学生特别是大学生获取知识和资源的渠道也多元化，大学生的视野也变得开阔，这给高校教师的教学带来了巨大的挑战。高校教师不仅需要不断拓展个人学科知识，还要掌握智慧技术以适应信息技术环境对高校教师教学的新要求和新挑战；高校教师还要学习智慧教育环境下新的教学模式和教学方法，还要学习多种智慧技术手段，掌握智慧评价标准等。任何一个方面的脱节或者滞后，都不能保障信息化课堂教学。

（2）TPACK 的境脉依赖性

TPACK 的形成受复杂多变的课堂境脉因素影响。课堂境脉既是教与学的支持物（背景及组成部分），又是教与学的潜在障碍。课堂境脉的复杂多变性，不仅意味着不存在适用于所有教师的通用的整合技术的学科教学方案，也意味着普适性的技术应用处方是无法直接应用于整合技术的学科教学的。因此，教师对课堂境脉的认识、理解和驾驭程度，将直接影响着教学实践的效果。

认知主义学习理论中有"学习总是基于特定的情境产生的"的观点。高校教师的教和学生的学习需要搭建具象的教学情境。智慧的教学情境情景，会带来好的教学效果。在智慧教学实践中，高校教师先进行学情分析，再结合学科教学知识，在此基础上构建适合大学生实际情况的具象的智慧化教学情境，把学科内容知识以多媒体化、数字化、虚拟化、模型化等形象生动地呈现给大学生，从而帮助大学生更好地理解和重构学科内容知识，形成大学生自己的知识体系，培养大学生的创新意识和解决问题的能力。可以说，高校教师的 TPACK 具有的情境性，是一种反映高校教师所处教学情境，与学科内容知识、智慧技术融合的教学方法紧密相关的"视情境而定"的知识体系。

（3）TPACK 的实践性

TPACK 是实践中的教师知识，需要教师通过教学实践建构生成。教师利用现代信息技术开展教学实践，会积累大量的实践经验，教师对这些实践经验进行反思、提炼和总结后，就会形成自己的 TPACK知识。教师所形成的 TPACK 是否科学、是否有用，需要教师在进一步的教学实践中，将这些知识"做出来"，进行检验修正，促使自己的 TPACK 获得进一步的提升。由此可见，TPACK 既是关于教学实践的知识，又是指向教学实践的知识，实践性是 TPACK 的核心特性，这意味着教师 TPACK 发展是一个动态生成、不断丰富的过程。TPACK 也鼓励教师成为自我导向的学习者，这就要求教师具备自我驱动的原动力，不断积极探索和尝试新的教学方法和技术，以满足复杂多变的教育教学情境。另外，TPACK 的实践性还要求教师培养在不确定的环境中有效使用技术、开展教学管理、开发利用数字化学习资源、科学评估教学效果、开展教学反思、优化教学策略等能力。

（4）TPACK 的缄默性

TPACK 蕴藏在教师的教学实践中，与教师的实践智慧高度相关，对教师整合技术的学科教学实践起着极其重要的作用。除了少部分可以用语言或文字等表达出来之外，绝大部分 TPACK 是不可言传的，或无法用文字进行说明的，也意味着绝大部分 TPACK 无法以常规形式进行传授，这表明 TPACK 具有很强的缄默性，属于缄默知识的成分更多。

高校教师 TPACK 的建构，也是高校教师个体反思的结晶。美国学者古德莱德的课程观认为：不同教师的知识结构和认知水平、能力的差异，导致他们对同一学科内容知识的理解、认知和感悟不同；不同教师对信息化技术的掌握和运用能力的差异，也导致他们对技术与课程整合的方式和深度存在差异。可以说，高校教师教学对象的特殊性和教学情境搭建的个性化，形成了他们不同的教学风格。这样恰恰是高校教师不断在个人教学活动中对学科内容知识、教学法知识和技术知识的个性化的认识、反思与内化，是高校教师长期总结经验、持续反思的结果，具有"只可意会而不可言传"的缄默性。

（5）TPACK 的学科性

现代信息技术以各种形式存在，并且都具有各自的优势和局限。不同学科内容和教学方法的差异会导致技术知识的理解、使用方式和策略的不同。因此，教师在不同学科境遇下的 TPACK 掌握情况不同。这表明 TPACK 具有学科差异性，提升教师 TPACK 知识水平不可忽视这一点。在高校课堂教学中，应根据各学科的不同特点和教学内容的差异，选择合适的现代信息技术来构建教学情境，以更好地帮助学生理解知识、协作与实践，培养学生的创新能力、独立自主和问题解决能力。采用适当的现代信息技术，可以减轻教师的负担，提高教学效率，同时也可以更好地满足学生对于学习方式的多样化需求。综上所述，教师通过深入掌握 TPACK 知识体系和结合学科差异性，选择最适合的现代信息技术，是提高高校教师教学质量的有效途径。

2.2 智慧教育、智慧教学和教师智慧教学能力的概念

2.2.1 智慧教育

一个新事物的产生和发展，一定有特定的时代背景和现实需要。当教育的传统方式不能解决新问题，发展遇到诸多瓶颈时，需要新理念、新思想、新技术、新教育模式来破解教育发展的难题。从教育实践来看，学校教学内容、方法的陈旧，填鸭式的教育教学，都造成了学生的参与意识、独立意识和创新意识与能力较弱，学生综合素质不高。

因此，教育教学改革需要新技术的出现，需要智能技术、智慧技术来改变当前教育教学现状。而且，智慧技术也不再是传统教学的补充和辅助，而是作为当前教学中的重要推动力和关键因素，激发教师教学力和学生学习力。于是，在当前人工智能、大数据、云计算、移动互联网等新一代信息技术环境下，智慧教育应运而生。智慧教育应以学习者为中心，在教育基础设施信息化的前提下，充分运用智能技术和设备，通过定制化和差异化的教学来促进学习参与者的智

慧发展。智慧教育的目的是使人实现"智慧成长"，在人工智能技术的推动下实现学习环境、教学方式和管理方法上的智慧变革，使教育服务更加个性化、灵活化和明确化，把人放在最核心的位置，启迪智慧。

目前，很多国家对智慧教育非常重视，都颁布了利用智慧教育促进教育信息化发展的相关政策。韩国于 2011 年 9 月实施了"智慧教育战略"，计划从提升基础设施水平、改革教育系统、增强教师能力三个方面构建一个全新的教育生态系统，利用"互联网＋云课堂""互联网＋电子教材""互联网＋在线评估"来改革传统的教育。韩国在智慧教育中，比较关注学生创新能力和实践能力的培养，搭建各种数字化工具和智慧平台来提高学生的综合能力水平。澳大利亚于 2012 年提出"转型澳大利亚教育"，提出要用信息化技术提高教师能力和教育管理者能力，在传统教学中引入互动课堂等在线学习方式，培养具有全球视野的新时代劳动力。美国联邦教育部在 2010 年公布了《美国国家教育技术计划2010》，提倡借助信息技术来推动教育系统全方位变革，以此促进教育取得新突破。美国在智慧教育发展中，重视学术课程教学和智慧教学方式，大力发展数字化技术的应用，注重高校数字化教育教学资源开发，注重搭建数字化学习环境来拓展学生学习资源，以培养学生自我构建知识体系的能力。

国内在智慧教育领域的发展，主要分为理论探讨阶段、技术介入阶段、深度融合阶段三个阶段。在理论探讨阶段，与智慧教育相关的论述更多是理论层面的探讨，没有关于技术的内容，又称为无技术接入阶段，如徐应萍教授"依靠个人智慧去处理知识，用智慧引领个人教育教学行为"的观点。随着人工智能、大数据、云计算、移动互联网等技术的逐渐发展，专家学者提出了"技术介入阶段"的智慧教育。这个阶段的智慧教育关键技术词云图如图 2 - 2 所示。

在智慧教育的深度融合阶段，专家学者以培养人的智慧为目标，

图 2-2　"技术介入阶段"的智慧教育关键技术词云图

关注技术的开发与运用，也更注重技术与教育教学理论、模式等的深度融合，以期促进教育教学高质量发展。国内智慧教育的发展主要有以下几个方面的推力：一是政策推动。教育部和各省教育厅不断推出智慧教育教学的相关政策文件，以推动智慧教育的发展，加大对各级各类学校数字化教育资源的投入，促进教育信息化和现代化的进程。二是技术支持。国内在人工智能、云计算、大数据、物联网等技术的支持下积极推进数字化教育资源的建设与开发，注重数字化教学、备课、学习和评价等方面的发展。三是创新探索。国内一些学校和地区在智慧教育方面进行了积极的探索和实践。比如很多高校连接比较成熟的数字化教学平台和智能教学系统，逐渐关注学生的个性化发展和创新能力培养。四是合作交流。一些地区和学校已经开始与国际合作，引进国际先进的教育理念和技术，共同推进智慧教育向纵深发展。

2.2.2 **智慧教学**

（1）智慧教学研究现状

随着智慧教育向纵深发展，智慧教学在高校又掀起了一场"智慧革命"，成为国内学者研究的热点问题。很多学者就智慧教学发表了自己的观点，如在智慧教学模式方面，陈一明指出，基于互联网技术与互联网思维构建高等教育智慧教学环境，打破传统教学常态，适应"互联网＋教育"所带来的变化，充分应用微课、慕课、翻转课堂和创客运动，配合翻转课堂模块化教学，能有效提高教学效率，真正对学生实现因材施教。许文虎、钟敏认为，应充分利用互联网，借鉴微课、慕课、翻转课堂等新兴教学模式，以智慧教学软件和智能手机为桥梁，建立基于"互联网＋"的智慧教学模式，智慧型教学环境全方位渗透进课前、课中、课后环节，能够大幅度提高学生的学习参与感，有利于学生的智慧发展并实现教学相长。在智慧教学实施路径方面，胡小勇、刘怡发现在"互联网＋"的时代背景下，智慧教学的教学环境和技术手段向智能化方向发展、教学资源向动态开放和生成方向发展、教学评价向精准化方向发展。国内对智慧教育教学的研究较多集中于理论研究与顶层设计阶段，在实践应用方面研究较少。图 2-3 是从近几年的文献中生成的智慧教学关键词图谱。

（2）智慧教学与普通多媒体教学区别

智慧教学是人工智能、大数据、云计算、移动互联网等新一代信息技术与教育教学融合催生出来的新型教学形态。与普通多媒体辅助教学相比，智慧教学在目标取向、教学理念、教学方式、教师职责、教学技术应用、教学空间布置等方面都发生了质的变化，如表 2-1 所示。在目标取向上，智慧教学以培养学生的复杂问题解决能力与创新能力为目标。在教学理念上，智慧教学倡导和追求学为中心、能力为先和教学创新的新理念。在教学方式上，智慧教学注重打破时空限制，提供丰富的

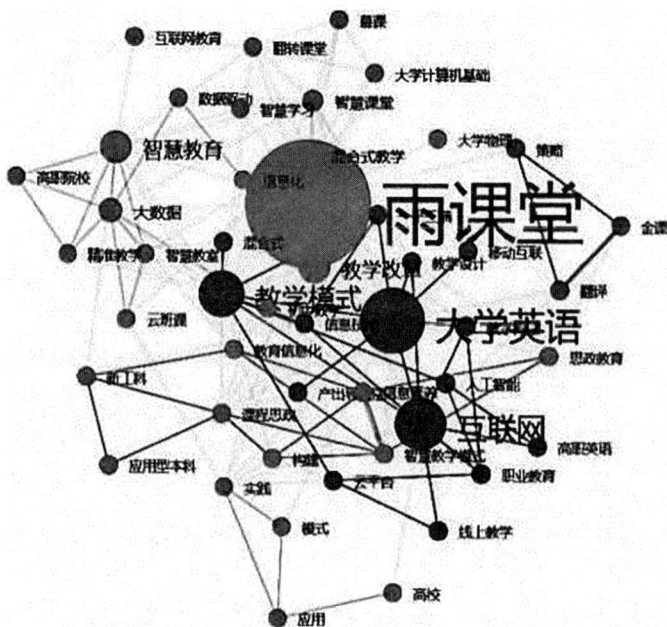

图 2-3　智慧教学的文献关键词图谱

教学资源，通过"引导—发现"式教学让学生通过协作互助和个性化学习进行实践创新。在教师职责上，因智慧教学环境和技术的赋能，教师职责转变为设计组织教学活动，引导学生自主学习。在教学技术应用上，智慧教学着力推动信息技术与教学的深度融合，注重利用智慧黑板、智能学习终端、智慧教学平台、智能教学软件等硬件和软件构建智慧教学工具和手段，开展混合式教学、情景化教学、体验式教学、个性化教学。在教学空间布置上，智慧教学空间一般配置的都是活动拼接桌椅，教师可以根据不同教学方式，灵活调整教学空间环境布置。现实的智慧教学虽然十分强调智能技术手段和工具的应用，但依然囿于以知识掌握为本的"传递—接受"式教学，还未完全达到理想智慧教学的状态，特别是在教学理念和教学组织上。

表 2-1 普通多媒体教学与智慧教学比较

维度	普通多媒体教学	智慧教学
目标取向	传授知识与技能	培养复杂问题解决能力与创新能力
教学理念	教为中心、知识为先	学为中心、能力为先、教学创新
教学方式	传递—接受、标准化、知识灌输、个体学习	引导—发现、协作互助、个性化、实践创新
教师职责	讲授知识和操作技能	设计组织教学活动，引导学生自主学习
教学技术应用	以"电脑＋投影仪＋PPT课件"为代表的多媒体技术，技术与学生学习脱离	以"智慧黑板＋智能学习终端＋智慧教学平台＋智慧教学软件"为代表的智能教学工具和手段，技术与教学深度融合
教学空间布置	行列式座椅，教学中一般不做调整	根据不同教学方式，灵活调整教学空间环境布置

　　智慧教学已成为我国高等学校教育信息化发展的新目标。我国高校智慧教学的快速发展主要受两方面因素的推动，一方面是随着以人工智能、大数据、云计算、物联网、移动互联网为代表的新一代信息技术的快速迭代更新及其在教育领域的应用，智慧教室、智慧教学平台、智慧教学工具、智能助学系统等智慧教学硬件和软件在高等教育领域得到推广应用；另一方面是国家为推进新时代教育信息化发展，先后颁布并实施《教育信息化 2.0 行动计划》《中国教育现代化 2035》等政策文件，深入推进新一代信息技术与教育教学的深度融合，推动教育理念更新、模式变革和体系重构。整体来看，我国高校智慧教学是一种基于顶层设计的、自上而下的教育教学改革行动，在具体实施过程中，必然会受到教育教学理念、教学模式创新和教师教学能力提升等关键因素的制约。如果高校在推广智慧教学过程中不能很好地破解这些制约因素，那么以智慧教学革新传统教学、创新人才方式的目标非但不能实现，并且智慧教学最终只会沦为一次强化落后教育观念的运动。

　　高校智慧教学基于物联网、云计算、大数据和人工智能等现代信息技术而建立，可以总结为四个明显优势：①学科教育与信息技术的深度融合。目前，国内高校普遍进入技术与教育融合的阶段，信息技术在教学中的开发与应用给传统学校管理体系和教育体系带来新的挑战，需要满足教育深层次需求，推动教育体系改革、创新教育服务模式。②线上教育教学资源分享使用。线上智慧教学过程中，教师与学生、学生与学生之间的沟通更加便捷，可以实现无处不在的沟通。③学生学习时间、地点更加自由、开放，实现无处不学、无时不学。通过将传统课堂教学与手持移动智能设备有效结合，学生在课前和课后都有可以拥有充足的预习和复习时间，不受传统课堂时间的束缚。④在人工智能算法的协助下，学生可以获得更多、更广泛和更有针对性的知识。通过实时互动，高校教师可以对问题进行及时反馈、调整和优化，学生也可以通过手持移动终端完成实时任务提交和反馈，实现教学、学习、跟踪、反馈和评价的智慧化。

智慧作为教学目的和教学方式，是高校智慧教学追求和实施的两个层面。智慧作为教学目的，意在新形势下人才培养的价值取向及目标定位，关注教学的社会属性及人本意义，关注社会人对智慧人生和自由幸福生活的追寻。智慧作为教学方法，它更有助于促进教学目的实现，以"智慧教学促进学生智慧发展"为主题掌握智慧教学的方式方法、特征和思路。首先，高校智慧教学推动"以学生为中心"的教育理念。高校智慧教学改善以往大学生被动地接受知识的情况，突出大学生个体自主建构、自主生成学习知识的过程，这种建构别人无法替代。而高校教师也要颠覆传统角色，注重通过启迪、引导、辅助等方式实现大学生成长和发展。其次，高校智慧教学是创新性的教学工作。高校教师要学会充分利用当前教学条件，挖掘教学智慧，扎根具体的智慧教学环境，因势利导、适时调整教学活动。最后，高校智慧教学是积极应用信息技术的教学。深入挖掘并充分发挥信息技术对教育教学的优化作用，实现智慧教学资源的优化配置、智慧教学环境的科学搭建、智慧教学评价体系的采用。

（3）智慧教学未来发展趋势

①教学智能化程度将不断提升。随着人工智能、大数据等技术的持续发展，智慧教学将能够更精准地分析学生的学习情况，提供个性化的教学方案，同时记录和分析学生的学习过程，为教师提供更科学的决策依据。

②教学模式将不断创新和多样化。未来智慧教学将更加注重线上线下结合、混合式教学、项目式学习、探究式学习等多种教学模式的运用。这些教学模式将有助于激发学生的学习兴趣和主动性，提高教学效果。

③数字化资源将更加丰富和多样化。随着互联网技术的发展，数字化资源将更加丰富，包括各种在线课程、虚拟实验、仿真模拟等，这些资源将有助于提高教学的趣味性和互动性，同时也有助于提高教学效率和质量。

④教学评价将更加科学和客观。未来智慧教学将通过智能化的评价系统，更准确地评估学生的学习情况，提供更加准确的反馈和建议，帮助学生更好地掌握知识和技能。这些都将有助于提升教学质量，促进学生的个性化发展。

总的来说，未来智慧教学的发展趋势将是智能化、个性化和数字化，为教学带来更多的便利和创新，为培养更多高素质的人才提供更好的支持。

2.2.3 教师智慧教学能力

众所周知，概念界定是学术问题研究的前提。开展教师智慧教学能力相关研究，首先要对教师智慧教学能力进行概念界定。从不同的视角入手，可以对教师智慧教学能力做出不同的界定。梳理已有文献资料发现，国内对教师智慧教学能力的代表性界定主要有两种：第一种基于心理学对教学能力的研究，认为教师智慧教学能力是能力的一种特殊表现形式，是支撑教师通过智慧教学实践发展学生智慧的内在心理特质；第二种基于教学的基本环节，认为教师智慧教学能力是开展教学过程中展现出的智慧教学设计能力、智慧教学实施能力和智慧教学评价能力的总和。上述两种界定中，前者很难清晰地描述和测量，不适宜用于指导教师智慧教学能力构成研究；后者虽然明确指出了教师智慧教学能力的组成，但并没有对教师开展智慧教学所需要的能力进行全面的概括。

基于智慧教学发展的新要求，笔者认为教师智慧教学能力是指教师在人工智能、大数据、云计算、移动互联网等新一代信息技术所构建的智慧教学环境下，以发展学生核心素养、提升学生关键能力为目标，以现代教育理念为指导，主动灵活运用各种智慧技术手段，有效创设学习环境、开发课程资源、设计教学活动方案、实施教学活动、评价学习成效，并通过反思不断改进和创新教学的能力。教师智慧教学能力的构成要素可以划分意识与理念、知识与技能、设计与开发、实施与评价、反思与创新五个维度，如图 2-4 所示。

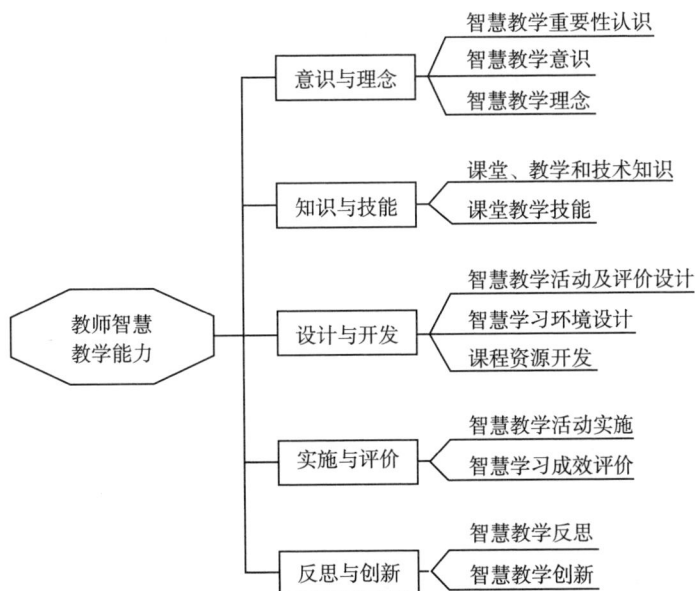

图 2-4　教师智慧教学能力构成要素

与教师智慧教学能力相近的概念有教师教育技术能力、教师信息技术应用能力和教师信息化教学能力。正确理解和把握教师智慧教学能力，必须区分清楚这四种能力。从面向的人员对象来看，教师教育技术应用能力主要面向的人员对象包括教学人员、管理人员和技术人员，而其余三种能力主要面向教学人员。从技术应用来看，四种能力虽然都强调技术的应用，但教师教育技术能力中的技术应用既包括现代信息技术的应用，又包括传统技术的应用，而其余三种能力强调现代信息技术的应用，并且教师智慧教学能力强调的是人工智能、大数据、云计算、移动互联网等新一代信息技术的应用。从能力关注的范围来看，教师教育技术能力和教师信息技术应用能力既关注教师教学，又关注教师专业发展，而教师信息化教学能力和教师智慧教学能力主要关注教师教学。四种能力的关系如图 2-5 所示。

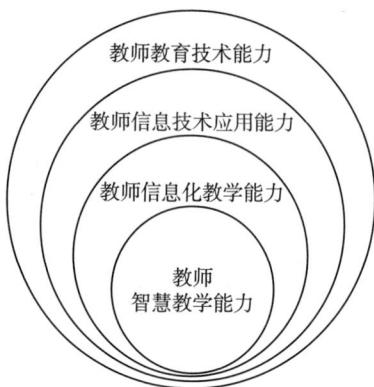

图 2-5　四种能力之间的关系

2.3 TPACK 理论对高校智慧教学研究的价值

2.3.1　TPACK 理论凸显技术知识的重要性

PCK 理论提出时，教学中使用的技术手段主要是粉笔、黑板、课本、挂图、幻灯片等传统技术，这些技术用途特定、功能透明（使用者比较清楚技术能在教学中发挥什么作用）且稳定（技术在使用中不易出现故障），易于被教师掌握，在教学中使用得非常普遍，以至于很多情况下不被认为是技术。因此，PCK 理论并没有专门强调技术对教师开展教学的作用和价值，把教学中使用的技术手段归属为教学法知识。随着技术的不断发展进步，以计算机、网络、移动设备等为代表的现代信息技术纷纷开始出现，并逐步在教学中普及应用。这些现代信息技术表现出与传统技术相反的特点：使用途径和方法多样、功能不透明（不同的使用者可以使同样的技术发挥出不同的作用）且不稳定（技术在使用中容易出现突发故障）。现代信息技术的这些特性增加了教师掌握和驾驭它们的难度，但同时又为教师在教学中灵活使用它们去进行教学创新提供了契机。TPACK 理论顺应现代信息技术在教学中的应用趋势，将技术知识单独提出来，作为与教学法知识和学科内容知识并列的选项，极大地凸显了技术在教师专业化中的重要性和价值。

米什拉等人认为，通过"设计学习（learning by design）"的方法（Koehler and Mishra，2005；Koehler et al.，2007），可以有效地提高 TPACK 知识水平。这种方法是指在项目中实际运用技术制作课程，通过制作过程中的学习提升 TPACK。例如，米什拉等人通过高等教育的教师和研究生的协作进行调查、研究和设计，最终获得具体的成果：第一，由于是在现实场景中进行，学习时需要考虑到复杂的文脉依赖，因此单一的简单解决方案是不存在的，只能不断探索。第二，技术知识等是在活动中根据需要学习的。为了在必要时获得这些知识，需要促进深入理解并考虑各种方法。第三，在参与活动的过程中，需要与特定的教育内容和教学方法相结合，超越对技术的一般理解，以获得科技知识。这个要素的重要性可以在 TPACK 的概念中体现。第四，指导和建议的角色不是内容专家，而是指导者和解决问题的专家。这意味着，指导建议者不仅需要授予知识，更需要支持教师作为学习者主动学习，以便更好地理解知识。总之，舒尔曼和米什拉等人非常注重 TPACK 领域内知识的丰富性，并探索如何增强生活和工作相关的知识。他们的方法包括：通过教学行为模型的思考和反思、案例教学法、设计研讨会等多种形式，将教师作为学习和分析知识的主体。这些方法的共同点是通过输入和反思对知识进行重构。

2.3.2 TPACK 理论对不同学科教师的作用与价值

TPACK 被提出两年后，为了更好地说明 TPACK 对不同学科类别教师的有效作用，国外专家学者进行了以下研究：①一项针对从学前教育到初等教育的职教师的研究，对内容知识（CK）、技术知识（TK）、教育内容知识（PCK）以及技术内容知识（TCK）之间的关系进行了分析，并收集了相关过程数据。②在对文艺教育教学的教师进行培训时，强调了内容知识（CK）、技术知识（TK）以及技术内容知识（TCK）的重要性。③在对外语教育教师培养和在职研修的研究中，强调了与内容知识（CK）、教育内容知识（PCK）和技术内容知识（TCK）的关系，并指出明确建立知识间关系的重要性。④以社会学领域的学前到中等教育教师为研究对象，研究数字资源的利用以及在非线性信息学习环境中如何促进学习、学习者分析批判性媒体场景的获得等问题，分析了 TPACK 的重要性。⑤对中等教育数学课的教师进行的研究，关注数学分析现象时的技术运用，收集了关于 TPACK 与课题选择密切相关的数据。⑥在对艺术与技能授课的研究中，明确了 TPACK 的意义，旨在让学习者掌握 21 世纪的新技能。⑦在对科学课教师的研究中，将学习者的生活经验、先验知识和科学知识的关系可视化时，强调了教师的 TPACK 的重要性。⑧对承担体育教学的教师的研究，评价自己在使用相关技术后的教学效果，探讨 TPACK 对其的重要性。研究表明：随着技术的不断发展，使用相关技术开展教学活动的教师，对自身专业知识发展和学生获取知识产生了很好的促进作用。

2.3.3 TPACK 理论对教师智慧教学能力研究的价值

TPACK 理论认为，TPACK 既是一种知识，又是一种知识解释框架。作为一种知识，TPACK 可以指导教师在教学中有效运用现代信息技术，即教师不但要知道技术应该如何操作，还要知道在特定的教学情境中使用什么技术，为什么使用以及怎么使用。作为一种知识解释框架，TPACK 可以很好地解释信息时代教师专业知识构成，用以分析信息化环境下教师的教学能力结构。

TPACK 框架中并不存在适用于所有教育内容的唯一最佳技术。米什拉等人指出，理解技术的重要一点是，特定的技术具有特定的性能，受环境的促进和制约。技术并非中立或无偏见，而是具有适合某项任务的倾向、偏见和特性。使用 ICT 机器可以带来前所未有的学习机会，同时也可能产生其他 ICT 机器无法实现或传统技术无法达到的效果。意识到这一点非常重要。正如米什拉等人所说，TPACK 是一个框架，它并没有指明应该使用哪种技术或采用哪种教育方法来教授特定内容，是利用技术制作课程的参照框架，而不是一种"应该这样做"的规范性框架。这意味着，在创造学习机会时，需要根据孩子的实际情况设定适当的教育目标，并关注眼前某一技术的可能性和极限，而不是简单地增加技术的使用。TPACK 与框架相关的特征也表明不存在唯一最合适的技术。这并不意味着简单地增加技术使用就足够了，而是在整个课程制作过程中对照目标技术。因此，为了创造好的学习机会，必须把握眼前学生的实际情况，设定适当的教育目标，依此进行构思，并关注以往可能没有充分意识到的某一技术的可能性和极限。这样的过程在构思课程时非常重要，因为它可以确保我们充分考虑到技术的潜力和限制。

推动高校智慧教学改革，是我国实施《教育信息化 2.0 行动计划》，大力推进高校数字化转型的重要抓手。主动适应信息化变革，积极利用新一代信息技术创新教学方法是广大高校教师的共同使命，为此教师就必须清楚智慧教学环境下教师教学能力构成，从而更好地提升自己的智慧教学能力。TPACK 理论契合高校智慧教学发展需要，运用 TPACK 理论对高校教师智慧教学能力进行学理研究，可以为高校开展相关培训以及教师自主、专业发展提供参考依据。

总之，TPACK 理论对高校智慧教学的价值在于促进高校教师的专业发展、提高教学效果和质量、推动教育信息化的发展等方面。它为高校智慧教学的实施提供了有效的理论支持和指导，有助于提高教学质量和水平。

基于 TPACK 的高校教师智慧教学能力结构分析

众所周知，教学能力是教师开展教学工作必备的学科知识、专业素养、技术能力和身体能力的整体。相应的，高校教师智慧教学能力是指高校教师在人工智能、大数据、云计算、移动互联网等新一代信息技术所构建的智慧教学环境下，以发展学生核心素养、提升学生关键能力为目标，以现代教育理念为指导，主动灵活运用各种智慧技术手段，有效创设学习环境、开发课程资源、设计教学活动方案、实施教学活动、评价学习成效，并通过反思不断改进和创新教学的能力。本研究在《教师数字素养》[①] 教育行业标准的基础上，基于 TPACK 理论对高校教师智慧教学能力结构展开分析。

3.1 我国教育行业标准《教师数字素养》的指导意义

2022 年 11 月，我国教育部发布了《教师数字素养》教育行业标准（图 3-1），对各级各类教育部门推进教育数字化战略行动，大力完善教育信息化标准体系，全面提升各级各类教师利用数字技术优化、创新和变革教育教学活动的意识、能力和责任有指导意义。该标准明确了我国教师数字素养的内涵和要求，为我们教师、学校、教育管理部门等对

---

① 该标准号为 JY/T 0646—2022，全文参见附录一。

教师数字素养的培养和提升给予了权威指导或者依据。客观地讲，教师数字素养的提升对于我国教育信息化发展很重要，对各级各类学校智慧教育教学的理论研究和实践探索都有指导意义。该标准的颁布，也有助于推动教育行业的数字化转型，有助于推动教师、学校、教育管理部门等各方在数字化方面的合作和交流，共同推动教育行业的数字化转型，将有助于推动我国教育行业的创新和发展，促进我国教育信息化和教育现代化进程向纵深发展。

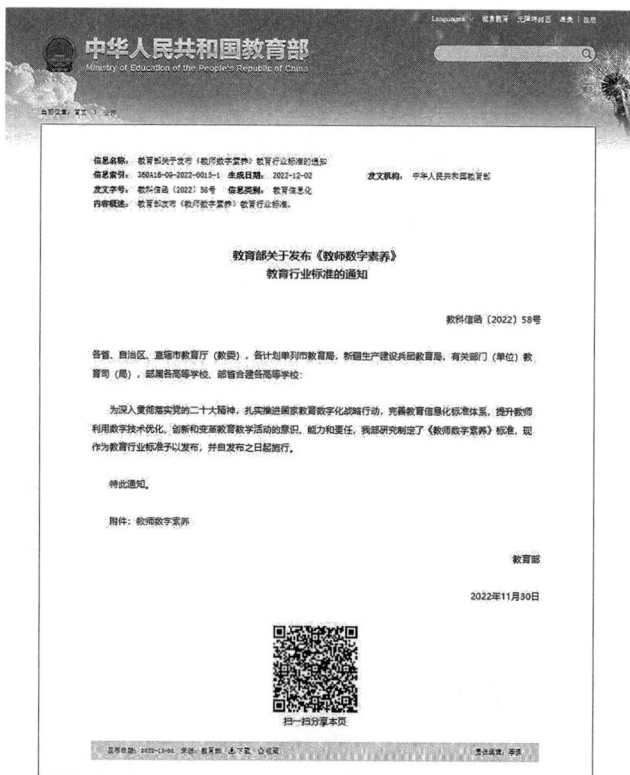

图 3-1　教育部发布《教师数字素养》教育行业标准的通知

其中，《教师数字素养》框架中，明确了数字化意识、数字技术知识与技能、数字化应用、数字社会责任和专业发展五个维度的具体要求（图 3-2），这也为我们高校教师智慧教学能力结构分析提供了指导。

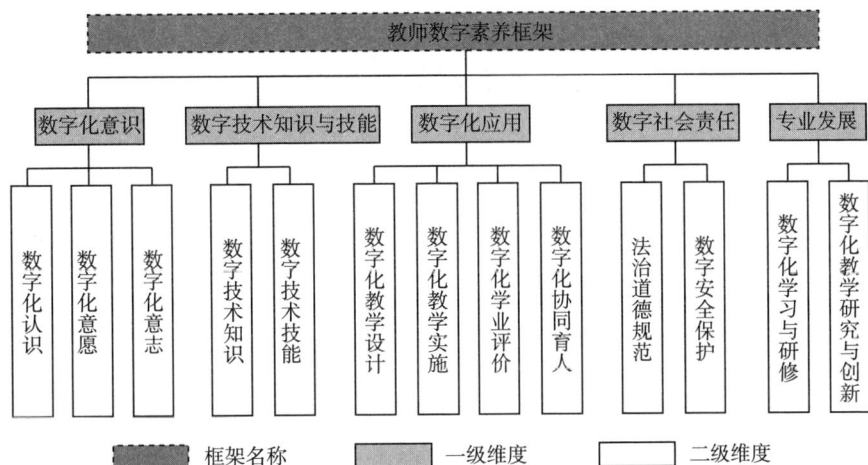

图 3-2　《教师数字素养》框架

其中，数字化意识的三级维度如表 3-1 所示：

表 3-1　数字化意识维度

一级维度	二级维度	三级维度	描述
数字化 意识	数字化认识	理解数字技术在经济社会及教育发展中的价值	了解数字技术引发国际数字经济竞争发展；理解数字技术推动教育数字化转型的重要意义
		认识数字技术发展对教育教学带来的机遇与挑战	认识到数字技术正在推动教育创新发展；意识到数字技术资源应用于教育教学过程会产生教学理论、教学模式、教学方法方面的创新要求，以及可能出现伦理道德方面的问题
	数字化意愿	主动学习和使用数字技术资源的意愿	主动了解数字技术资源的功能作用，有在教育教学中使用的愿望；理解合理使用数字技术资源能够推动教育高质量发展
		开展教育数字化实践、探索、创新的能动性	具有实施数字技术与教育教学融合的主动性，愿意开展教育教学创新实践
	数字化意志	战胜教育数字化实践中遇到的困难和挑战的信心与决心	能够战胜教育数字化实践中面临的数字技术资源使用、教学方法创新方面的困难与挑战，坚信并持续开展数字化教育教学实践探索

3.2 高校教师智慧教学能力的具体内容

　　高校教师的智慧教学能力建立在教师的基本教学能力之上，是教师信息化教学能力在智慧教学中的具体表现。由于大学教学在教学目标、教学内容、教学对象、教学环境、教学条件等方面与其他阶段的学校教学有很大不同，所以高校教师智慧教学能力的具体要求会不同于其他阶段。阐释高校教师智慧教学能力的具体内容可以更加清晰地呈现智慧教学对教师信息化教学能力的新要求。

3.2.1 意识与理念

　　意识与理念，一般指人的思想观念、认识态度，它们在无形中塑造了人的世界观、人生观和价值观，并长期深刻影响和决定一个人的思想行为和判断力。意识与理念的形成，主要由个人的经历、教育、文化背景等决定。意识与理念，如同指南针，引导着我们在人生路上大踏步前行。当遇到一些挑战和挫折时，正确的意识与理念能够帮助我们更好地应对，帮助我们找到正确的方向和决策依据，从而更好地提升个人和家庭的生活质量。在教育教学中，科学正确的意识与理念，能够帮助教师形成良好的教学思路、设计科学有效的教学习惯，为专业成长奠定良好的基础。

　　在高校教师智慧教学能力的范畴内，意识与理念维度主要包括智慧教学重要性认识、智慧教学意识、智慧教学理念三方面内容。智慧教学重要性认识指教师能够正确认识智慧教学、教师智慧教学能力的重要性和价值。智慧教学意识指教师能够积极主动地使用智慧教学方式开展教学，积极将新的智慧技术手段用于教学。智慧教学理念指教师能够主动以先进的教育思想和理论指导智慧教学实践，能够把提升学生核心素养和关键能力作为智慧教学的目标。需要强调的是，高校教师的智慧教学理念直接决定着智慧教学实践的导向，如果不转变已有传统教育观念，开展智慧教学改革最终只会沦为空谈。

可以说，智慧教学源于现代教育信息技术与教学的不断整合与融合，更应该是对教育宗旨和目标的内在追求的必然趋势。但在智慧教学环境下，很多高校教师存在惰性。"以不变应万变"的心态和思想、"新壶装旧酒"的生硬组合，是对"智"的思考的缺乏，更是对"慧"的布局的缺失，导致"浮于理论，无落地实践""个性有余共性不足，难以推广""技术绑架，非情景不教学"等不智慧的现象发生。

3.2.2 知识与技能

知识与技能的关系并非单向的，两者是相互影响和相互促进的关系。首先，知识是技能的基础，知识为技能提供理解和认知的前提，能够让我们更好地解决问题和迎接挑战。而技能是对知识运用的关键，它帮助大家在实践中灵活运用所学知识，发现实际问题，解决实际困难。人们学习新知识，可以增长见识、拓宽视野，有效提升认知能力；反过来，人们通过实践锻炼技能，也会提高解决实际问题的能力，提高获取知识的效率，等等。其次，知识与技能的相互促进又是一个长期积累和不断深化的过程。我们经过长期反思、总结和优化，从而以实现知识与技能的螺旋式上升。可以说，知识与技能是我们个人成长的基石，是更好地应对各种挑战和机遇的前提，也是整个社会不断进步的重要保障。

在高校教师智慧教学能力的范畴中，知识与技能维度主要包括课程、教学和技术知识，以及智慧教学技能。课程、教学和技术知识指课程内容、教学法知识和技术知识，其中课程内容指课程的基本概念、原理、探究方式及其与其他课程的关系等；教学法知识包括教育学、心理学和教育技术理论基本知识，学科教学中常用的教学方法等；技术知识主要包括智慧教学中使用的现代信息技术的常识性知识，关于哪些技术更适合在具体教学方法中使用的知识，关于哪些技术更适合在具体教学内容中使用的知识。智慧教学技能主要指智慧教学中的具体技术操作，具体包括常用的计算机、网络操作技能，常用的信息获取、鉴别、加工、管理、分享操作技能，智慧教学平台的操作使用，智慧教学工具（如雨课堂、微助教等）的操作使用，等等。

调研中发现，河南省高校教师在智慧教学方面的知识和技能还有一定欠缺。很多人仅仅具备基本的本学科的知识和教学方法，智慧教学中的整合的信息化技能以及相应的教学法知识水平还达不到要求。河南省高校教师在开展智慧教学时更多仅仅是使用文字、数据处理、课件制作软件等基本的电脑操作工具，缺乏对相应的专业化的智能化教学辅助工具的掌握。特别是，超过一半的高校教师未使用过任何线上教学平台，智慧技术的新型智慧教学模式和教学方法相当匮乏。

3.2.3 设计与开发

设计与开发，一般指教师在教育教学过程中，不仅要具备传授知识、引导学生的能力，还需要具备设计和开发的能力。教师能够根据学情等各种因素，开展教学设计，探索符合教学目标的教学模式、方法等，并能够根据教学反馈和学生学习成果动态调整和优化设计，以提高教育教学效果和质量。设计与开发，强调了教师在教育过程中的创新性和前瞻性，不断优化和改进教学效果的能力，以提高教学效果和质量，从而为学生提供更好的个性化服务。

在高校教师智慧教学能力的范畴中，设计与开发维度主要包括智慧教学活动及评价设计、智慧学习环境设计、课程资源开发三方面的内容。智慧教学活动及评价设计主要是指教师围绕提高大学生核心素养和关键能力来设计教与学的相关活动及学习成效评价形式，主要包括教学组织形式选择、教师教导方法的选择，学生学习方法的选择、教学技术手段和工具的选择、教学活动过程的安排、学习成效评价形式的设计等。智慧教学活动及评价设计过程中教师要积极将智慧教学工具的使用融入教学活动与评价，以便更好地发挥智慧教学的优势。智慧学习环境设计主要是指学习空间（桌椅摆放、光线选择等）的设计、学习所需要信息资源的设计、学生学习的技术工具的选择等。学习环境设计必须以学生为中心，围绕如何促进学习展开。课程资源开发指的是教师在智慧教学活动设计和智慧学习环境设计的基础上，开发支持教师开展教授活动和支持学生学习活动的所需要的各种资源。

教学设计与开发教学资源是开展智慧教学活动之前的重要准备环节。高校教师首先要有智慧环境下的教学设计理念，利用信息化的教学资源开发平台或者工具，结合智慧环境下教学法知识来优化教学设计和策略，才能更好地开展智慧教学实践活动。据调研发现，河南省高校教师能够在教学活动中进行智慧化的教学设计和策划的教师不到三分之一，能够使用数字化教学资源开发平台的高校教师不到五分之一。这充分表明，河南省高校教师智慧教学设计与资源开发的意识和技能还很欠缺。

3.2.4　实施与评价

教师的实施与评价的能力，是指教师在教育过程中，不仅需要具备传授知识、引导学生的能力，还需要具备实施和评价的能力。它强调了教师在教育过程中的全面性和专业性，以确保学生能够获得全面、有效的教育，从而取得更好的学习成果。其中，实施能力是指教师能够有效地组织课堂教学，用适当的教学方法，确保学生的学习效果达到预期目标；评价能力则是指教师能够根据学生的学习表现和反馈，及时调整教学策略，对学生的学习成果进行评估和反馈，以便学生能够更好地掌握知识和技能。

在高校教师智慧教学能力的范畴中，实施与评价维度主要包括智慧教学活动实施和智慧学习成效评价两方面内容。智慧教学活动设计主要是指教师按照前期教学活动设计，在智慧教学技术和装备的支持下实施教学活动。智慧学成效评价主要是指教师按照前期评价设计，在信息技术的支持下有效地完成评价资料的收集，进而对学生学习成效做出客观公正的评价。智慧教学活动实施与智慧学习成效评价的实际操作过程远比设计复杂得多，是对教师智慧教学能力的真正考验。为了更好地提升高校智慧教学质量，高校职能部门要完善和优化教学评价体系与制度，创建以高校教师知识技能为基础、以高校教师教学实践为核心、以创新突破为最终诉求的评价体系，引导高校教师不断提升智慧教学能力。

3.2.5 反思与创新

教师的反思与创新，一般指教师在教育教学中，不断总结经验，发现问题，积极寻求解决方案，以不断提高教学效果和质量的能力。具体来说，教师的反思能力是指教师能够敏锐地发现教学中的不足和问题，深入分析原因，提出改进措施，以避免类似问题的再次发生。而教师的创新能力则是指教师能够不断探索新的教学方法和手段，尝试新的教学技术和工具，以提高教学效果和质量。

美国心理学家波斯纳曾提出经典的教师成长公式：教师的专业成长＝经验＋反思。实践是经验生成的前提和基础，高校教师只有开展智慧教学的实践活动，并重视反思，才能使个人智慧教学能力得到不断提升。比如，高校教师可以开展智慧教学设计、智慧教学观摩、智慧学习沙龙、同课异构等形式进行教学反思，不断提升智慧教学能力。另外，反思与创新维度主要包括智慧教学反思和智慧教学创新两方面内容。智慧教育反思主要是指教师对智慧教学各方面的反思，反思内容包括技术运用、活动及评价设计、学习环境设计、课程资源开发、教学活动实施、学习成效评价等。智慧教学创新，指教师围绕提升大学生核心素养和关键能力这一目标，在智慧教学的各个环节，创造性地使用现代信息技术，尝试使用教学改革中提倡的新教学方法。

总之，高校智慧教学的创新，是一种注重创新和发展的教学方法，旨在通过现代信息技术、新的教学方法、新的教学模式和新的教学评价等实现深度融合，以提高高校教学效果和质量，培养大学生的核心素养和关键能力。

3.3 基于 TPACK 的高校教师智慧教学能力分解

3.3.1 TPACK 是能力构成分析的指导性框架

TPACK 理论不但能够解释教师如何将技术有效融合到教学中，而且为分析信息时代教师教学能力构成提供了指导性框架。TPACK 框架由 CK（学科内容知识）、PK（教学法知识）、TK（技术知识）三个核心要素，PCK（学科教学知识）、TCK（整合技术的学科内容知识）、TPK（整合技术的教学法知识）、TPACK（整合技术的学科教学知识）四个复合要素和境脉组成。基于 TPACK 框架可以将高校教师智慧教学能力具体能力要求做如下分解，如表 3-2 所示。

表 3-2　TPACK 框架下高校教师智慧教学能力分解

TPACK 框架要素	高校教师智慧教学能力		
	具体能力内容	内容归属	所在维度
CK	课程的基本概念、原理、探究方式及其与其他课程的关系等	课程、教学和技术知识	知识与技能
PK	正确认识智慧教学、教师智慧教学能力的重要性和价值	智慧教学重要性认识	意识与理念
	以先进的教育思想和理论指导智慧教学实践，把提升学生核心素养和关键能力作为目标	智慧教学理念	意识与理念
	教育学、心理学和教育技术理论知识基本知识	课程、教学和技术知识	知识与技能
	对智慧教学各个方面的反思	智慧教学反思	反思与创新

（续）

TPACK 框架要素	高校教师智慧教学能力		
	具体能力内容	内容归属	所在维度
TK	积极将新的智慧技术手段用于教学	智慧教学意识	意识与理念
	智慧教学中使用的现代信息技术的常识性知识	课程、教学和技术知识	知识与技能
	智慧教学中的具体技术操作	智慧教学技能	知识与技能
PCK	学科教学中常用的教学方法	教学法知识	知识与技能
TCK	关于哪些技术更适合在具体教学内容中使用的知识	课程、教学和技术知识	知识与技能
TPK	积极主动地使用智慧教学方式开展教学	智慧教学意识	意识与理念
	关于哪些技术更适合在具体教学方法中使用的知识	课程、教学和技术知识	知识与技能
TPACK	围绕提高大学生核心素养和关键能力来设计教与学的相关活动及学习成效评价形式	智慧教学活动及评价设计	设计与开发
	学习空间的设计，信息资源的设计，支持学生学习的技术工具的选择等	智慧学习环境设计	设计与开发
	开发支持教师开展教授活动和支持学生学习活动的所需要的各种资源	课程资源开发	设计与开发
	在智慧教学技术和装备的支持下实施教学活动	智慧教学活动实施	实施与评价
	在信息技术的支持下有效地完成评价资料的收集，对学生学习成效做出客观公正的评价	智慧学习成效评价	实施与评价
	创造性地使用现代信息技术，尝试使用教学改革中提倡的新教学方法	智慧教学创新	反思与创新

3.3.2 基于 TPACK 提升高校智慧教学能力的注意事项

高校教师智慧教学能力具体内容与 TPACK 框架中七种要素之间的对应关系提示我们提升高校教师智慧教学能力，必须注意以下几点：

第一，根据 TPACK 理论，高校教师智慧教学能力是由教师掌握的学科内容知识（CK）、教学法知识（PK）和技术知识（TK）通过复杂的相互作用交互生成的。因此，提升高校教师智慧教学能力，只关注教师是否掌握了智慧教学设备和工具的操作是远远不行的，还必须关注教师对课程内容本身的认识和掌握情况，以及教师是否能以先进的教育思想和理论指导智慧教学实践，把提升学生核心素养和关键能力作为目标，并据此不断更新自己的教育学、心理学和现代教育技术理论知识。

第二，提升高校教师智慧教学能力，必须对教师需要掌握的技术方面的知识有全面的认识，需要认识到教师的技术知识不仅包括教师对智慧教学平台的操作使用，对智慧教学工具（如雨课堂、微助教等）的操作使用，还应包括智慧教学中使用的现代信息技术的常识性知识，关于哪些技术更适合在具体教学方法上使用的知识，关于哪些技术更适合在具体教学内容中使用的知识，常用的计算机、网络操作技能，以及常用的信息获取、鉴别、加工、管理、分享操作等技能。

第三，提升高校教师智慧教学能力，关键是在智慧教学环境中不断促进教师TPACK生成。促进教师TPACK生成的最佳途径是在教师具备了必要的技术知识（TK）和教学法知识（PK）后，积极开展基于设计的智慧教学培训，并不断促进教师基于真实的教学情境进行智慧教学实践，鼓励教师进行智慧教学反思和智慧教学创新。

新时代高校智慧教学被赋予了更高的价值期望和更多的教育使命。高校在推进智慧教学改革过程中，不仅要大力建设以智慧教室为代表的智慧教学设施，加持新一代信息技术，更要重视提升广大教师的智慧教学能力。高校必须清醒地认识到，先进智慧教学装备和技术手段只有经过广大教师积极主动地有效应用，才能真正彰显其教学价值。基于TPACK理论对高校教师智慧教学能力结构进行分析，可以帮我们清楚地找到提升高校教师智慧教学能力的发力点，进而提升教师的智慧教学胜任力。

第4章

高校教师智慧教学能力
评价指标体系构建

构建高校教师智慧教学能力指标体系的重要性，主要体现在对高校教师智慧教学能力的评估、指导、促进专业发展、推动智慧教学的普及和应用以及增强教育信息化水平等方面的作用。其重要意义主要包括以下几个方面：一是评估教师智慧教学能力。通过指标体系，可以对高校教师的智慧教学能力进行全面、客观的评估，帮助教师了解自己的优势和不足，进而有针对性地进行提升。二是指导教师专业发展。指标体系可以为高校教师提供智慧教学能力提升的方向和目标。三是推动高校智慧教学的普及与应用。指标体系可以为高校推进智慧教学的普及和应用提供科学、合理的依据和参考，推动教学方式的变革和创新，提高教学质量和效果。四是可以增强教育信息化水平。指标体系可以作为教育信息化评价的重要依据，促进高校在信息化方面的投入和应用，提升教育信息化水平。

笔者在基于 TPACK 对高校教师智慧教学能力结构分析的基础上，根据智慧教学发展的需要，按照科学、客观、有效、可操作的原则，初步拟制了高校教师智慧教学能力评价指标体系，进而采用德尔菲法（专家调查法）对指标体系进行了修订，采用层次分析法确定了指标体系的权重。

4.1 德尔菲法

德尔菲法，是科学研究中一种常见的定性研究方法，用于收集相关专家对某一主题的意见或建议。这种方法通常用于修订或制定调查问卷、确定新的政策或程序、评估教学策略等。具体步骤如下：①选取本领域的一组专家，通常包括该领域的学者、从业者、研究人员等。②确定需要修订的主题或问题，并准备一些相关的调查问卷或材料。③多次匿名向各个专家发放调查问卷或材料，及时收集专家的意见和建议，并适当反馈给专家组。④对收集到的专家意见和建议进行梳理、研究和分析，产生初步的修订意见。⑤将初步的修订意见再一次发放给专家组，并与他们讨论进一步修订的内容和建议。⑥重复以上步骤，直到专家组的意见达成一致，或者达到预设的迭代次数。

德尔菲法修订的优势在于其能够通过专家的知识和经验，对问题进行多轮次的深入研究和讨论，通过多轮整理、归纳、统计，最终能形成相对客观和权威的修订意见。同时，这种方法也具有较高的灵活性和可变性，可以根据专家的意见和建议进行调整和修改，以达到最佳的修订效果。

4.1.1　修订专家的遴选

为了提高评价指标体系的科学性和可靠性，笔者按照德尔菲法的规则，邀请了 10 位省内外高校智慧教学研究领域内有丰富实践经验和学术造诣的专家，其中高校教师 3 位（从事智慧教学实践三年以上的专业课或公共课教师，在省级教学创新大赛中获得过二等奖以上奖励）、教育技术专家 3 位（硕士或博士所学专业为教育技术学专业，工作后从事教育技术研究五年以上，在核心刊物上公开发表一篇以上智慧教学相关学术论文，具有副高级以上职称专家学者）、课程与教学论专家 2 位（硕士或博士所学专业为课程与教学论专业，从事课程与教学论研究五年以上，在核心刊物上公开发表一篇以上信息化教学相关学术论文，具有副高级以上职称专家学者）、教师教育专家 2 位（硕士或博士所学专业为教育类专业，从事教师教育研究五年以上，在核心刊物上公开发表一篇以上高校教师专业发展相关学术论文的副高级以上职称专家学者），专家基本信息如表4-1所示。所有专家都能参与研究并保证完成至少两轮咨询。

表4-1　参与修订专家信息表

专家	性别	专业技术职务	年龄（岁）	教龄（年）
高校教师1	男	副教授	38	10
高校教师2	女	副教授	41	16
高校教师3	男	副教授	36	8
教育技术专家1	男	教授	42	17
教育技术专家2	女	副教授	37	9
教育技术专家3	男	教授	45	17
课程与教学论专家1	男	教授	47	19
课程与教学论专家2	女	副教授	33	7
教师教育专家1	男	教授	45	19
教师教育专家2	男	教授	47	20

4.1.2 专家咨询过程

修订高校教师智慧教学能力评价指标体系共进行了两轮专家咨询。第一轮，首先将初步拟制的高校教师智慧教学能力评价指标体系制作成调查表，并在各二级指标下面设置"新增或修改"项，以便专家对指标体系提出修改意见；然后通过E-mail分别发送给专家，专家逐一对指标体系中各指标的适宜性进行5级评分（非常适宜、比较适宜、一般、不适宜和完全不适宜分别对应5分、4分、3分、2分和1分），对原有指标提出删减或修改意见，同时提请专家在"专家问题熟悉程度量化表"（表4-2）和"专家判断依据量化表"（表4-3）上对应的位置上打"√"；最后收集所有专家填写的调查表，进行均值计算，保留适宜性均值大于3的指标，并根据专家意见对评价指标体系进行修订。第二轮，将第一轮咨询后修订的调查表通过 E-mail 分别发送给专家，请专家对该调查表中各指标的重要性进行5级评分（非常重要、重要、一般、不重要和完全不重要分别对应5分、4分、3分、2分和1分）。

表4-2 专家问题熟悉程度量化表

非常熟悉	比较熟悉	一般	不太熟悉	完全不熟悉
1.0	0.8	0.5	0.2	0

表4-3 专家判断依据量化表

判断依据	对专家判断的影响程度		
	大	一般	小
实践经验	0.5	0.4	0.3
理论分析或推断	0.3	0.2	0.1
查阅文献或向同行了解	0.1	0.1	0.1
直觉判断	0.1	0.1	0.1

4.1.3 专家积极系数和权威系数

专家积极系数反映专家对研究的关注和关心程度，可以用专家咨询调查表回收率表征，回收率大于70%，则认为专家积极性高。本研究两轮专家咨询中调查表回收率均为100%，说明专家对本研究积极性非常高。

专家权威型系数（Cr）一般由专家对问题的熟悉程度（Cs）和专家对问题的判断依据（Ca）决定，$Cr=(Cs+Ca)/2$，Cr 的取值范围在0和1之间，取值大于等于0.7表明专家权威性高。本研究中，通过计算得出专家权威系数 Cr 在0.797与0.854之间，大于0.7，这说明本研究遴选的专家权威性高，专家能依据自己的专业知识和实践经验对指标体系做出合理的判断。

4.1.4 专家意见协调性

专家意见协调性即专家对某一指标的判断是否一致,通常用变异系数（CV）表示。变异系数（CV）=各指标得分标准差/各指标得分均值,CV值越小表示专家对某一指标的意见越一致,CV小于0.25时为研究可接受范围。

4.1.5 指标筛选与修改

（1）第一轮专家意见分析

第一轮咨询专家采用意识与理念、知识与技能、设计与开发、实施与评价、反思与创新5个一级指标,共包括12个二级指标和27个三级指标。根据专家评分及修改意见,一级指标和二级指标适宜性均值均大于3,变异系数CV均小于0.1,因此一级指标和二级指标全部保留。三级指标中,除"高校开展智慧教学是高等教育教学改革的重要途径""了解教学反思的内容和基本方法"均值小于3,需要删除外,其余各指标均值均大于3,所有指标变异系数均小于0.25,因此都予以保留。专家建议在二级指标"智慧教学技能"对应的三级指标中增加"常用的计算机、网络操作技能",修改三级指标中部分语义容易产生歧义的表述。

（2）第二轮专家意见分析

将第一轮修改好的评价指标体系发送给专家对指标适宜性打分,各指标的得分如表4-4所示。数据显示,一级指标、二级指标、三级指标的适宜性均值均大于4,变异系数均小于0.2。专家们除了建议修改个别三级指标的表述之外,无其他删减修改意见。评价指标体系指标数据和专家意见表明,10位专家的意见已经趋于一致,修改部分表述之后形成了包含5个一级指标、12个二级指标、26个三级指标的高校教师智慧教学能力评价指标体系,具体如表4-5所示。

表4-4 第二轮专家咨询指标均值及变异系数

一级指标	适宜性均值	变异系数	二级指标	适宜性均值	变异系数	三级指标	适宜性均值	变异系数
意识与理念	4.7	0.09	智慧教学重要性认识	4.7	0.08	相信开展智慧教学会取得更好的教学效果	4.7	0.09
						认为开展智慧教学必须提高教师的智慧教学能力	4.8	0.08
			智慧教学意识	4.7	0.08	积极主动地了解智慧教学的发展动态	4.7	0.08
						主动应用智慧教学工具软件（雨课堂、学习通、微助教等）开展智慧教学	4.8	0.08
			智慧教学理念	4.8	0.09	能够以先进的教育思想和理论，而不是记忆灌输、忽视个性、教为中心等落后思想理念指导智慧教学实践	4.6	0.1
						把提升学生的核心素养和关键能力作为智慧教学的目标	4.5	0.11
知识与技能	5	0	课程、教学和技术知识	4.7	0.09	对任教课程内容及其与其他课程之间的关系了如指掌	4.5	0.12
						掌握从事教学所需要的教育学、心理学知识	4.6	0.1
						对智慧教学技术手段适合于哪些教学方法和教学内容有正确认识	4.3	0.14
			智慧教学技能	5	0	具备常用的计算机、网络操作技能	4.7	0.08
						具备常用的信息检索、获取、评价、加工、管理、分享操作技能	4.9	0.06
						能熟练操作智慧教学平台和智慧教学工具（如雨课堂、学习通、微助教等）	5	0

（续）

一级指标	适宜性均值	变异系数	二级指标	适宜性均值	变异系数	三级指标	适宜性均值	变异系数
设计与开发	4.8	0.08	智慧教学活动及评价设计	5	0	能够围绕提高大学生核心素养和关键能力来设计教与学的相关活动及学习成效评价形式	4.3	0.13
						积极将智慧教学工具的使用融入教学活动与评价	4.9	0.06
			智慧学习环境设计	4.5	0.12	能根据智慧教学需要设计学习空间如桌椅摆放、光线选择等	4.9	0.06
						能根据智慧教学需要设计学生学习所需要信息资源	4.5	0.1
						能根据智慧教学需要对支持学生学习的技术工具进行选取	4.4	0.12
			课程资源开发	4.5	0.13	会开发支持自己教授活动的各种资源	4.3	0.12
						会开发支持学生学习活动的各种资源	4.3	0.12
实施与评价	5	0	智慧教学活动实施	4.9	0.07	能按照前期教学活动设计，在智慧教学技术和装备的支持下实施教学活动	4.9	0.07
						能恰当处理智慧教学活动实施中出现的各种问题	4.9	0.07
			智慧学习成效评价	4.9	0.08	可以在信息技术的支持下有效地完成评价资料的收集	4.7	0.09
						能按照前期评价设计，对学生学习成效做出客观公正的评价	4.6	0.08
反思与创新	4.6	0.1	智慧教学反思	4.8	0.08	会主动对智慧教学的各个环节等进行反思	4.8	0.08
			智慧教学创新	4.6	0.1	能在智慧教学的各个环节，创造性地使用现代信息技术	4.9	0.07
						能在智慧教学的各个环节，尝试使用教学改革中提倡的新教学方法	4.4	0.13

表 4 - 5　修订后的高校教师智慧教学能力评价指标体系

一级指标	二级指标	三级指标
意识与理念	智慧教学重要性认识	相信开展智慧教学会取得更好的教学效果
		认为开展好智慧教学必须以提高教师智慧教学能力为前提
	智慧教学意识	积极主动地了解智慧教学的发展动态
		主动应用智慧教学工具软件开展智慧教学
	智慧教学理念	能够以先进的教育思想和理论指导智慧教学实践
		把提升学生的核心素养和关键能力作为智慧教学目标
知识与技能	课程、教学和技术知识	对任教课程的内容及其与其他课程之间的关系了如指掌
		掌握从事教学所需要的基本教育学、心理学知识
		对智慧教学技术手段适合于哪些教学方法和教学内容有正确认识
	智慧教学技能	具备常用的计算机与网络操作技能
		具备常用的信息检索、获取、评价、加工、管理、分享操作技能
		能熟练操作智慧教学平台，使用智慧教学工具
设计与开发	智慧教学活动及评价设计	能够围绕提高大学生核心素养和关键能力来设计教与学的相关活动及学习成效评价形式
		积极将智慧教学工具的使用融入教学活动与评价
	智慧学习环境设计	能根据智慧教学需要设计学习空间如桌椅摆放、光线选择等
		能根据智慧教学需要设计学生学习所需要信息资源
		能根据智慧教学需要为学生提供学习支持工具
	课程资源开发	会开发教授活动中需要的常用课程资源
		会开发支持学生学习活动的常用课程资源
实施与评价	智慧教学活动实施	能按照前期教学活动设计，在智慧教学平台或工具的支持下实施教学活动
		能恰当处理智慧教学活动实施中出现的各种问题
	智慧学习成效评价	可以在智慧教学平台或工具的支持下有效地完成评价资料的收集
		能按照前期评价设计，对学生智慧学习成效做出客观公正的评价
反思与创新	智慧教学反思	会主动对智慧教学的各个环节和出现的问题进行反思
	智慧教学创新	能在智慧教学过程中创造性地使用现代信息技术
		在智慧教学过程中，积极使用高校教学改革中提倡的新教学方法

4.2 层次分析法权重确定

层次分析法（AHP）是一种巧妙而实用的决策分析工具，它将定性和定量方法相结合，主要用于确定指标体系的权重。这种方法将问题分解为若干层次，借助数学方法对各层次指标进行权重计算，以准确揭示各个指标在整体决策中的重要程度。这种方法能够全面、系统地考虑多个指标之间的关系，通过量化处理为决策提供更加客观和准确的依据，这是它的一个显著优点。此外，这种方法还具有高度的灵活性和可操作性，适用于复杂问题的决策和分析。其应用包括建立层次结构、构造判断矩阵、计算权重以及一致性检验等步骤，以确保权重的合理性和可靠性。这种方法可以帮助我们更准确地理解和解决复杂问题，使我们的决策更加科学、合理，并更具可行性。

在本研究中，层次分析法是将与决策有关的元素分解成目标、准则、方案等层次，在此基础之上进行定性和定量分析的决策方法。该方法常用于权重计算。本研究按照层次分析法操作步骤，使用迈实 AHP 层次分析法软件（V1.8）对高校教师智慧教学能力评价指标体系权重进行了确定。

4.2.1 建立指标体系层次模型

本研究以"高校教师智慧教学能力评价指标体系"为总目标，以 5 个一级指标和 12 个二级指标为中间层要素，以 26 个三级指标为底层要素，使用迈实 AHP 层次分析法软件进行层次结构模型建模，具体如图 4－1所示。

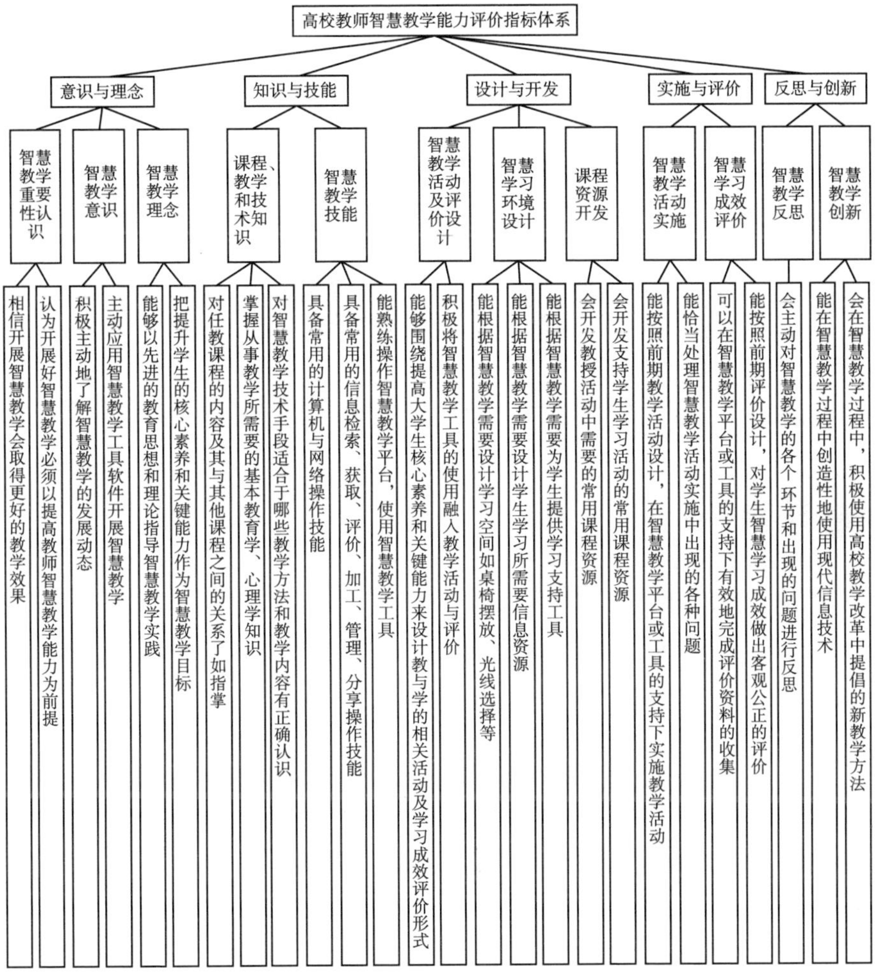

高校教师智慧教学能力评价指标体系

意识与理念
- 智慧教学重要性认识
  - 相信开展智慧教学会取得更好的教学效果
  - 认为开展好智慧教学必须以提高教师智慧教学能力为前提
- 智慧教学意识
  - 积极主动地了解智慧教学的发展动态
  - 主动应用智慧教学工具软件开展智慧教学
- 智慧教学理念
  - 能够以先进的教育思想和理论指导智慧教学实践
  - 把提升学生的核心素养和关键能力作为智慧教学目标

知识与技能
- 课程、教学和技术知识
  - 对任教课程的内容及其与其他课程之间的关系了如指掌
  - 掌握从事教学所需要的基本教育学、心理学知识
  - 对智慧教学技术手段适合于哪些教学方法和教学内容有正确认识
- 智慧教学技能
  - 具备常用的计算机与网络操作技能
  - 具备常用的信息检索、获取、评价、加工、管理、分享操作技能
  - 能熟练操作智慧教学平台,使用智慧教学工具

设计与开发
- 智慧教学活动及评价设计
  - 能够围绕提高大学生核心素养和关键能力来设计教与学的相关活动及学习成效评价形式
  - 积极将智慧教学工具的使用融入教学活动与评价
- 智慧教学习环境设计
  - 能根据智慧教学需要设计学生学习空间如桌椅摆放、光线选择等
  - 能根据智慧教学需要设计学生学习所需要信息资源
- 课程资源开发
  - 能开发教授活动中需要的常用课程资源
  - 会开发支持学生学习活动的常用课程资源

实施与评价
- 智慧教学活动实施
  - 能按照前期教学活动设计,在智慧教学平台或工具的支持下实施教学活动
  - 能恰当处理智慧教学活动实施中出现的各种问题
- 智慧学习成效评价
  - 可以在智慧教学平台或工具的支持下有效地完成评价资料的收集
  - 能按照前期评价设计,对学生智慧学习成效做出客观公正的评价

反思与创新
- 智慧教学反思
  - 会主动对智慧教学的各个环节和出现的问题进行反思
- 智慧教学创新
  - 能在智慧教学过程中创造性地使用现代信息技术
  - 会在智慧教学过程中,积极使用高校教学改革中提倡的新教学方法

图4-1　高校教师智慧教学能力评价指标体系递进层次结构模型

4.2.2　判断矩阵构造及一致性检验

本研究拟定了《高校教师智慧教学能力评价指标体系层次分析调查表》,开展第三轮专家咨询,让专家对同一层级的不同指标进行两两比较,根据本研究所定义的判断矩阵标度(表4-6),填写调查表,进而构造出判断矩阵。将得到的调查数据输入迈实 AHP 层次分析法软件进

行一致性检验，发现所构造矩阵一切正常，内部数据一致（$CR \leqslant 0.1$）。

表4-6　判断矩阵标度定义

标度	含义
1	表示两个因素相比，具有相同重要性
3	表示两个因素相比，前者比后者稍重要
5	表示两个因素相比，前者比后者明显重要
7	表示两个因素相比，前者比后者强烈重要
9	表示两个因素相比，前者比后者极端重要
2、4、6、8	表示上述相邻判断的中间值
倒数	若因素 i 与因素 j 的重要性之比为 a_{ij}，那么因素 j 与因素 i 的重要性关系为 $a_{ji}=1/a_{ij}$

4.2.3　指标体系权重计算

使用迈实 AHP 层次分析法软件中的群决策模式，将 10 位专家的数据作为一个整体，计算得到高校教师智慧教学能力评价指标体系各级指标的同级权重和全局权重，具体如表4-7所示。

表4-7　高校教师智慧教学能力评价指标体系权重

一级指标	权重	二级指标	同级权重	全局权重	三级指标	同级权重	全局权重
意识与理念	0.180	智慧教学重要性认识	0.252	0.045	相信开展智慧教学会取得更好的教学效果	0.568	0.026
					认为开展好智慧教学必须以提高教师智慧教学能力为前提	0.432	0.019
		智慧教学意识	0.333	0.060	积极主动地了解智慧教学的发展动态	0.336	0.020
					主动应用智慧教学工具软件开展智慧教学	0.664	0.040
		智慧教学理念	0.415	0.075	能够以先进的教育思想和理论指导智慧教学实践	0.551	0.041
					把提升学生的核心素养和关键能力作为智慧教学目标	0.449	0.034

(续)

一级指标	权重	二级指标	同级权重	全局权重	三级指标	同级权重	全局权重
知识与技能	0.253	课程、教学和技术知识	0.392	0.099	对任教课程的内容及其与其他课程之间的关系了如指掌	0.412	0.041
					掌握从事教学所需要的基本教育学、心理学知识	0.356	0.035
					对智慧教学技术手段适合于哪些教学方法和教学内容有正确认识	0.232	0.023
		智慧教学技能	0.608	0.154	具备常用的计算机与网络操作技能	0.278	0.043
					具备常用的信息检索、获取、评价、加工、管理、分享操作技能	0.312	0.048
					能熟练操作智慧教学平台，使用智慧教学工具	0.410	0.063
设计与开发	0.162	智慧教学活动及评价设计	0.445	0.072	能够围绕提高大学生核心素养和关键能力来设计教与学的相关活动及学习成效评价形式	0.376	0.027
					积极将智慧教学工具的使用融入教学活动与评价	0.624	0.045
		智慧学习环境设计	0.237	0.038	能根据智慧教学需要设计学习空间如桌椅摆放、光线选择等	0.310	0.012
					能根据智慧教学需要设计学生学习所需要信息资源	0.342	0.013
					能根据智慧教学需要为学生提供学习支持工具	0.348	0.013
		课程资源开发	0.318	0.052	会开发教授活动中需要的常用课程资源	0.577	0.030
					会开发支持学生学习活动的常用课程资源	0.423	0.022

（续）

一级指标	权重	二级指标	同级权重	全局权重	三级指标	同级权重	全局权重
实施与评价	0.276	智慧教学活动实施	0.588	0.162	能按照前期教学活动设计，在智慧教学平台或工具的支持下实施教学活动	0.647	0.105
					能恰当处理智慧教学活动实施中出现的各种问题	0.353	0.057
		智慧学习成效评价	0.412	0.114	可以在智慧教学平台或工具的支持下有效地完成评价资料的收集	0.498	0.057
					能按照前期评价设计，对学生智慧学习成效做出客观公正的评价	0.502	0.057
反思与创新	0.129	智慧教学反思	0.549	0.071	会主动对智慧教学的各个环节和出现的问题进行反思	1.000	0.071
		智慧教学创新	0.451	0.058	能在智慧教学过程中创造性地使用现代信息技术	0.572	0.033
					在智慧教学过程中，积极使用高校教学改革中提倡的新教学方法	0.428	0.025

第5章

高校教师智慧教学能力
状况实证调查研究

实证调查是社会科学研究中不可或缺的一部分，它对于理解并解决各种社会问题至关重要，为政策制定提供科学依据，有助于推动社会的进步和发展。其主要作用有以下几点：一是验证理论。实证调查通过收集实际数据和信息，对已有的理论或假设进行实证检验，进而深化我们对问题的理解，揭示其本质和规律。二是全面描述现象。实证调查为我们提供了更全面、更客观的视角，帮助我们理解和描述现实世界中的各种现象和问题，为社会科学研究提供了更准确、更可靠的数据支持。三是预测与控制未来。实证调查的结果不仅为政策制定者提供了科学依据，帮助他们做出更科学、更合理的决策，而且通过这些结果，我们还可以对未来可能发生的情况进行预测，并采取相应的措施进行控制和管理，以减少不确定性，降低风险。四是提高公众认知。实证调查的结果还可以提高公众对社会问题的认知水平，增强公众的社会责任感和公共意识，推动社会的进步和发展。这些结果也可以为公众提供决策参考，帮助他们做出更明智的决策。

当前，随着人工智能、云计算、移动互联网等新一代信息技术的普及应用，我们迎来了大数据时代。高等教育大数据的背景为实证研究提供了数据等基本条件，也促使实证研究成为我们理论和实践项目研究的主要研究方法之一。在本研究中，我们通过文献搜集来进行理论研究，然后通过实证研究方法对理论成果进行验证和修正，做出客观和公平的反馈。

5.1 调查工具

5.1.1 问卷调查工具

问卷调查量表具有标准化、覆盖范围广、数据可分析和易于操作等优点，可以帮助项目组了解被调查者的态度、行为和观点，为项目研究目标达成和成果验证等提供科学依据和支持。本研究根据构建的"高校教师智慧教学能力评价指标体系"，编制了高校教师智慧教学能力状况调查量表。量表分为智慧教学意识与理念、智慧教学知识与技能、智慧教学设计与开发、智慧教学实施与评价、智慧教学反思与创新 5 个维度，共 32 题，采用李克特五级计分法，完全不符合＝1、基本不符合＝2、基本符合＝3、比较符合＝4、完全符合＝5。双变量相关分析表明该量表具有较好的内容效度；内部一致性信度分析表明，量表各部分的克朗巴哈 α 系数在 0.861 和 0.912 之间，整个量表的克朗巴哈 α 系数为 0.926，说明该量表具有很高的信度。

5.1.2 访谈调查工具

为了深入了解高校教师智慧教学能力发展的影响因素，本研究设计了高校教师智慧教学能力影响因素访谈提纲，对项目依托高校的部分教师进行了半结构访谈。

5.2 调查实施

5.2.1 问卷调查实施

本研究采用滚雪球调查方法开展网络问卷调查，调查时间从 2022

年11月21日12时开始，到2022年12月1日12时结束。调查共收到问卷624份，人工逐一筛选得到有效问卷605份，有效率为96.96%。有效被试高校教师基本情况如表5-1所示。研究使用SPSS V21.0对调查问卷数据进行了分析处理。

表5-1 参与调查有效被试教师基本情况表

变量	内容	人数（人）	百分比
性别	男	332	54.88%
	女	273	45.12%
年龄	30岁及以下	126	20.83%
	31~40岁	275	45.45%
	41~50岁	172	28.43%
	51岁及以上	32	5.29%
学历	本科及以下	12	1.98%
	硕士	370	61.16%
	博士	223	36.86%
职称	初级	188	31.07%
	中级	282	46.61%
	副高	107	17.69%
	正高	28	4.63%
教龄	5年及以下	101	16.69%
	6~10年	206	34.05%
	11~15年	175	28.93%
	16~20年	98	16.20%
	21年及以上	25	4.13%
任教学科	理工农医类	235	38.84%
	文史经管教类	282	46.61%
	艺术体育类	88	14.55%
是否师范背景	是	227	37.52%
	否	378	62.48%

5.2.2 访谈调查实施

本研究对项目依托许昌学院和周口师范学院对15位教师进行了半

结构化访谈，并做记录。15 名被访教师中男教师 8 位，女教师 7 位；40 岁以下教师 9 位，40 岁以上的教师 6 位；初级职称的 4 位，中级职称的 6 位，高级职称的 5 位；理工农医类教师 5 位，文史经管教类教师 7 位，艺术体育类教师 3 位。

5.3 调查结果分析

5.3.1 高校教师智慧教学能力总体状况

本研究采用五级计分法，将 3 分设为中等强度观测值。表 5-2 中，高校教师智慧教学能力总体水平得分均值 2.91，低于观测值，这说明高校教师智慧教学能力总体水平偏低，还有较大的提升空间。从各维度题目得分均值看，智慧教学意识与理念维度均值最高，但只有 3.52，这说明高校教师虽然对智慧教学的重要性、意识和理念都有了一定程度的认识，但还认知水平不高。智慧教学知识与技能、智慧教学设计与开发、智慧教学实施与评价三维度均值依次为 2.99、2.77、3.15，基本处于观测值附近，这说明高校教师的智慧教学知识与技能、设计与开发、实施与评价能力整体处于中等水平。智慧教学反思与创新维度均值只有 2.14，低于观测值较多，这说明高校教师智慧教学反思与创新能力较低。因此整体上说，高校教师智慧教学能力各个方面都需要不断不足。

表 5-2　高校教师智慧教学能力总体情况（$n=605$）

总水平及维度	题目数	均值（M）	标准差（SD）
智慧教学能力总体水平	32	2.91	0.99
智慧教学意识与理念	6	3.52	1.35
智慧教学知识与技能	10	2.99	1.12
智慧教学设计与开发	8	2.77	0.78
智慧教学实施与评价	4	3.15	1.03
智慧教学反思与创新	4	2.14	0.66

访谈调查结果也印证了上述结果。当被问到如何看待和理解智慧教学时，参与访谈的15位教师都将智慧教学简单地理解为在智慧教室里上课，并表示智慧教学是当前大学教学改革中非常热门的话题，开展智慧教学有利于提升教学效果。当进一步问及智慧教学与多媒体教学的区别时，有12位教师表示智慧教学中设备和环境更先进了，另外3位教师表示智慧教学不仅仅要体现在设备硬件上，还需要体现在理念、方法、过程等很多方面。当问及教师自己的智慧教学能力水平如何时，9位教师表示自己能力一般，6位教师表示自己能力较差或很差。当进一步问及智慧教学能力主要包括哪些方面时，有8位教师表示主要包括智慧教学知识、技能、设计、实施、评价，另外7位教师表示说不清楚或从来没有想过这个问题。上述访谈结果说明，高校教师对智慧教学的认识比较模糊且比较片面，教师的智慧教学能力状况不容乐观。

5.3.2 性别变量差异

表5-3数据表明，男教师智慧教学能力得分均值与女教师差别不大，t检验结果表明男教师与女教师的智慧教学能力总体水平不存在显著差异。

表5-3 高校教师智慧教学能力总体水平在性别上的差异（$n=605$）

	男 ($M\pm SD$)	女 ($M\pm SD$)	t	P
教师智慧教学能力	2.93 ± 0.51	2.90 ± 0.47	1.534	0.078

5.3.3 年龄变量差异

通过方差分析发现，不同年龄段的高校教师的智慧教学能力存在显著差异。经事后检验发现：31～40岁教师与41～50岁的高校教师的智慧教学能力均显著高于其他年龄段教师，但两者差异不显著，30岁及以下教师与51岁及以上的高校教师的智慧教学能力不存在显著差异。具体数据见表5-4。

表5-4 高校教师智慧教学能力总体水平在年龄上的差异（$n=605$）

	30岁及以下 ($M\pm SD$)	31~40岁 ($M\pm SD$)	41~50岁 ($M\pm SD$)	51岁及以上 ($M\pm SD$)	F	P
教师智慧教学能力	2.43±0.52	3.12±0.39	3.09±0.55	2.35±0.61	4.823	0.011

5.3.4 学历变量差异

方差分析结果表明，不同学历的高校教师的智慧教学能力均值不存在显著差异。具体数据见表5-5。

表5-5 高校教师智慧教学能力总体水平在学历上的差异（$n=605$）

	本科 ($M\pm SD$)	硕士 ($M\pm SD$)	博士 ($M\pm SD$)	F	P
教师智慧教学能力	2.87±0.57	2.91±0.62	2.92±0.68	1.326	0.093

5.3.5 职称变量差异

方差分析结果发现，不同职称高校教师的智慧教学能力存在显著差异。事后检验结果表明：中级职称教师与副高职称教师的智慧教学能力均显著高于初级职称教师与正高职称教师，但中级职称教师与副高职称教师、初级职称教师与正高职称教师的智慧教学能力不存在显著差异。具体数据见表5-6。

表5-6 高校教师智慧教学能力总体水平在职称上的差异（$n=605$）

	初级 ($M\pm SD$)	中级 ($M\pm SD$)	副高 ($M\pm SD$)	正高 ($M\pm SD$)	F	P
教师智慧教学能力	2.73±0.62	3.12±0.49	3.09±0.28	2.64±0.82	3.764	0.011

5.3.6 教龄变量差异

通过比较不同教龄的高校教师的智慧教学能力均值发现，随着教龄增加，教师的智慧教学能力逐渐增加，但教龄 21 年及以上的教师的智慧教学能力又出现下降趋势。方差分析结果表明，不同教龄段教师的智慧教学能力存在显著差异。进一步检验发现，11～15 年教龄段与 16～20 年教龄段教师的智慧教学能力均显著高于其他教龄的教师但两者之间差异不显著；5 年及以下教龄教师的智慧教学能力显著低于其他教龄教师；但 21 年及以上教龄教师的智慧教学能力虽然显著高于 5 年及以下教龄教师，但却显著低于其他教龄教师。具体数据见表 5-7。

表 5-7　高校教师智慧教学能力总体水平在教龄上的差异（$n=605$）

	5 年及以下 （$M\pm SD$）	6～10 年 （$M\pm SD$）	11～15 年 （$M\pm SD$）	16～20 年 （$M\pm SD$）	21 年及以上 （$M\pm SD$）	F	P
教师智慧教学能力	2.31±0.32	2.88±0.43	2.94±0.41	3.11±0.53	2.72±0.49	4.437	0.032

5.3.7 任教学科变量差异

通过方差分析发现，任教不同学科的教师的智慧教学能力存在显著差异。事后检验结果表明，文史经管教类专业教师的智慧教学能力显著高于理工类专业教师和艺术体育类专业教师，理工农医类专业教师的智慧教学能力显著高于艺术体育类专业教师。具体数据见表 5-8。

表 5-8　高校教师智慧教学能力总体水平在任教学科上的差异（$n=605$）

	理工农医类 （$M\pm SD$）	文史经管教类 （$M\pm SD$）	艺术体育类 （$M\pm SD$）	F	P
教师智慧教学能力	2.87±0.50	3.19±0.62	2.57±0.71	1.326	0.093

5.3.8 是否师范背景

t 检验结果表明：接受过师范教育的教师的智慧教学能力均值高于

无师范背景的教师，且存在显著差异。具体数据见表 5-9。

表 5-9　高校教师智慧教学能力总体水平在师范背景的差异（$n=605$）

	有师范背景 （$M\pm SD$）	无师范背景 （$M\pm SD$）	t	P
教师智慧教学能力	3.12±0.53	2.75±0.46	3.861	0.021

5.4 高校教师智慧教学能力影响因素分析

问卷调查发现，高校教师智慧教学能力水平整体处于中等偏下水平，且在年龄、职称、教龄、任教学科、是否师范背景等特征变量上存在差异，结合访谈调查结果，本研究发现以下影响高校教师智慧教学能力发展的因素。

5.4.1 教师智慧教学的观念、技术和方法存在偏差

目前高校的智慧教学软硬件水平都已经比较高，已经新建了许多智慧教室或在原有多媒体教室安装了智慧教学软件工具，可以方便地接入互联网，部分教室还配置有活动桌椅，实现了无线网全覆盖。高校教师们对于智慧教室的环境和设备比较满意，但对如何开展智慧教学却没有深入思考。部分教师认为在智慧教室上课就是智慧教学，很多人对于智慧教学模式的设计、智慧教学策略都一知半解，依然习惯于使用传统教学方式，依然采用的是"满堂灌"讲授模式。教师的 PPT 在内容和形式上变化不大，仍然只是充当着教师的授课提纲，学生的学习积极性依然没有被调动起来，课堂互动交流依然有限且形式单一。在调查中发现，一些高校的智慧教室中很多教学技术手段没有充分使用，甚至智慧教室闲置许久。这种状况的出现，主要是由于教师技术观念和教学观念存在偏差造成的。高校教师如果不改变落后的教学观念，树立正确的技

术观念，深入了解各种技术的功能限制性和可供性，他们的智慧教学能力依然不会提高。

5.4.2 教师学科内容、技术和教学法知识的不平衡

根据 TPACK 理论，教师的学科内容知识、技术知识和教学法知识是形成教师智慧教学能力的基础。教师的三种知识水平同时达到较高的水平，教师的智慧教学能力才能达到较高的水平，任何知识的滞后，都会牵制教师智慧教学能力的提升。访谈调查发现，绝大多数高校教师的学科内容知识发展水平优于技术知识和教学法知识发展水平。年轻教师整体上虽然比老教师具有更高的智慧教学的热情及技术知识准备，但在对教学法知识和学科内容知识理解的深度上却劣于老教师。具有师范背景的教师的教学法知识上明显高于无师范专业背景的教师。教师学科内容知识、技术知识和教学法知识发展的不平衡会直接影响教师的智慧教学能力发展。可以说，教学方法与技术是影响高校教师智慧教学能力提升的关键因素之一。学校职能部门和教师，都应该积极探索和利用新的教学方法和技术，如混合式教学、数字化资源建设、人工智能辅助教学等，以提高教学效果和质量，同时也能够提高自身的智慧教学能力。

5.4.3 教师提升智慧教学能力内在动力还不足

内在动力是促进教师提升自身智慧教学能力的自然力量。项目组在深入探讨教师提升自身智慧教学能力的内在动力时，发现了一个重要的现实情况：在高校现实教学中，大多数高校教师对于如何有效地利用智慧教学装备或软件工具进行教学并不清楚，也没有为智慧教学实践做好充足的准备。目前，大多数教师仍主要依赖传统的 PPT 课件和视频、动画文件进行课堂教学，这种应用方式相对单一，且 PPT 课件质量参差不齐。此外，新兴的媒体形式如视频、动画的应用目的并不清晰，这在一定程度上限制了高校教学效果和教师自身教学水平的提升。究其原

因，教师对信息技术的自我效能感较低，他们对于如何有效地应用信息技术进行教学感到困惑和无力。这种自我效能感的缺失，无疑影响了教师提升自身智慧教学能力的内在动力生成。此外，许多教师对智能时代教师专业发展的认识并不深刻，他们没有将提升智慧教学能力作为自身专业成长的必要组成部分。这种情况导致了他们缺乏自我提升的动力，也影响了他们提升自身智慧教学能力的决心。因此，我们需要更深入地研究和理解影响教师提升内在动力的因素，并探索出更多的途径和方法来增强他们的智慧教学能力。例如，提供更多有关智慧教学装备和软件工具的培训和指导，提高教师的信息技术应用能力；同时，也需要引导教师们正确认识智能时代教师专业发展的重要性，激发他们的自我提升动力。只有这样，我们才能真正地推动教师提升自身智慧教学能力的进程。

5.4.4 学校对教师智慧教学能力培养重视程度不够

在国家推进教育数字化转型的大背景下，高校纷纷在智慧教学硬件设备上投入大量资金，智慧校园建设发展很快，大量建设智慧教室（互联网教室），实现了无线校园网全覆盖。然而，在访谈中发现，受访高校教师普遍觉得学校智慧教学发展存在重"硬"轻"软"的现象。与大量的硬件投入相比，在营造智慧教学氛围、培养教师智慧教学能力等软件建设方面的投入明显不足。高校相关职能部门对智慧教学的发展不够重视，没有在年终考核、职称评定、绩效工资等方面制定相关政策，以激励和支持教师提升自身的智慧教学能力。这导致教师在完成繁重的教学和科研任务之余，很少愿意抽出时间来自觉提升自身的智慧教学能力。因此，教师的智慧教学水平很难得到提高。此外，虽然高校在智慧教学硬件设备上投入了大量资金，但教师们普遍认为学校智慧教学发展存在重"硬"轻"软"的现象，即高校在软件建设方面投入的资金和关注较少。这种现状导致高校教师们对智慧教学的认同感不强，提升自身智慧教学能力的动力不足。因此，学校需要加强对智慧教学氛围营造、教师智慧教学能力培养等方面的软件建设投入，制定相关政策，以激励和支持高校教师提升自身的智慧教学能力。同时，教师自身也需要认识到智慧教学的重要性，积极提升自身的智慧教学能力，以适应数字化时代的教育需求。

5.4.5 学校开展智慧教学培训工作还存在一些问题

高校教师培训，是为了满足高校和教师的教育教学发展目标和需求而开展的活动，其发起主体和组织主体都是学校职能部门，一般是由教师发展中心（或者教师中心）、高校师资部门来实施。但是，当前高校开展的教师智慧教学相关培训的培训内容主要集中在教学法知识和技术知识两个方面。培训开展基于以下两种假设：一是教师只要掌握了教学法知识，就能够开展有效的教学实践；二是教师只要掌握了基本的智慧教学装备或工具的操作技能，就能将其有效地应用到智慧教学实践中去。但高校的实际教学状况已经证明了这两种假设是错误的。单纯的、忽略了学科教学特性的通用教学法知识和智慧教学技能培训往往收效甚微，教师还是不能有效地基于智慧教学环境进行教学设计、创设教学情境、支持教学活动实施、进行教学管理和评价。加上培训往往还是采用单一讲授的培训方式，培训时间紧、强度大、重理论轻实践，高校教师对新的教学方法、智慧教学技术的应用方式往往还停留在认识层面，很难迁移到日常教学实践中去。访谈调查过程中，受访教师都普遍认为现实中的教师培训并没有对他们智慧教学能力的提升提供实质性的帮助。

5.4.6 教育政策与制度方面的指导和保障还不够

教育政策与制度是影响高校教师智慧教学能力提升的重要因素之一。如果教育政策与制度不适应智慧教学的需要，或者缺乏对教师智慧教学能力提升的激励机制和支持措施，那么教师智慧教学能力的提升就会受到限制。目前教育部、省教育厅和学校在教育政策与制度方面的保障还存在的一些问题：①对教师智慧教学能力提升缺乏明确的指导方针。如果缺乏明确的指导方针，教师可能会感到困惑和无所适从，无法有效地开展智慧教学。这可能会导致教师们在面对新的教学技术和工具时，缺乏足够的信心和动力去尝试和应用。②智慧教学的培训和支持不足。如果缺乏对智慧教学培训和支持的投入，教师可能会缺乏必要的技能和知识来有效地应用新的教学方法和技术。这可能会导致教师们无法跟上教育发展的步伐，影响教学效果和学生的学习体验。③智慧教学资源配置不足。如果缺乏对智慧教学所需的资源配置，如资金、时间和硬件资源等，教师可能会面临困难和挑战，无法有效地开展智慧教学。这可能会导致教师们无法充分利用新的教学技术和工具，影响教学效果和学生的学习成果。因此，加快教育政策与制度的制定和实施，对于促进高校教师智慧教学发展至关重要。

各省教育主管部门和高校在教师智慧教学能力提升方面的政策和制度可以采取以下措施来加强：①建立合作机制。各省教育主管部门和高校应该建立合作机制，共同制定和实施教师智慧教学能力提升的政策和制度。双方可以共同研究智慧教学的趋势和需求，制定相应的培训计划、评估标准和激励机制，确保教师智慧教学能力得到全面提升。②提供专项培训和支持。高校应该为教师提供专项培训和支持，以提高他们的智慧教学能力。高校可以与相关企业或研究机构合作，引进先进的智慧教学工具和平台，为教师提供相关的培训课程和研讨会。同时，高校也应该为教师提供所需的资源、时间和奖励，以激励他们积极探索和应用新的教学方法和技术。③建立评估机制和激励机制。高校应该建立评估机制和激励机制，以鼓励教师提高智慧教学能力。高校可以制定智慧教学能力评估标准，定期对教师的智慧教学能力进行评估，并提供相应的奖励和反馈。同时，高校也可以考虑设立专项经费或项目，为教师提供额外的支持和资源，以帮助他们更好地应用智慧教学工具和平台。④加强教师职业发展规划。高校应该关注教师的职业发展，为他们提供适当的职业规划支持和激励。高校应该为教师提供持续的职业发展机会、晋升通道和职业规划，确保教师能够不断成长和发展自己的专业能力。

国外智慧教学能力
培养的经验与启示

在本章中，笔者将会对三个不同国家的智慧教育教学案例进行研究，它们分别是孔敬大学（KKU）的智能课堂管理项目、日本的教师智慧教学能力培养项目、英国的 Digital School House 项目等。这三个项目在教育科技的应用、教师能力培养和数字化教育改革方面都有一些值得借鉴的成功经验，对我们的高校教师智慧教学能力提升研究将会带来一定启示。

6.1 孔敬大学（KKU）智能课堂管理的案例

孔敬大学，经泰国王批准始建于 1964 年，是泰国最著名的公立大学之一，在全泰国排名前 5 位。孔敬大学位于泰国孔敬府的孔敬市（Khon Kaen），是泰国的第一大院校，校园占地面积 10 000 多亩，在校学生近 4 万人，是泰国东北部最大、最权威的教育和科研领军机构。本部分主要探讨 KKU 智能学习计划下教师如何在数字学习环境中进行智慧教学管理。孔敬大学教师运用 KKU 智慧学习的技术、内容和指导方针管理课堂，包括根据学习者的特点设计教学活动；营造愉快的学习氛围，提升学生的思维能力、知识和技能；组织学习活动，解决情境问题；促进学习动机；培养和评估学习者的能力。教师的课堂管理面临着网络连接的限制、数字设备的缺乏以及教师和学习者的数字素养等问题。因此，本案例研究结果对高校职能部门、高校教师等层面开展智慧教学、构建高校教师智慧教学能力提升路径等具有一定指导意义，对更好地提高高校教学质量和培养高素质人才具有启示意义。

6.1.1　KKU 智能课堂管理项目概况

KKU 智能课堂管理项目是 2016 年起在泰国东北部的一个中学实施的。该项目目的是探讨教师如何在数字化学习环境中运用智慧学习理念和创新来管理他们的智慧教学课堂。其中，智慧课堂教学组织、管理和学生的学习活动，是通过整合技术和数字设备的应用来改变课堂、教学方法、学习环境、学习内容等。教师主要以提高七年级至九年级学生的知识、技能和态度为目标，以三门核心学科（英语、数学和科学）为重点。在该项目中，教师的教学方法强调主动和协作学习，以提高学生的理解、批判性思维和沟通能力，并提供学习支持、基础设施和应用方面的资源。

6.1.2　KKU 智能课堂管理项目实施

（1）智慧教与学的准备

为了实现智慧课堂的教学目标，教师和学习者在学习前根据 KKU 智能学习的指导精神准备了必要的条件。其中包括数字学习终端装备、智能教学环境、教学评价工具和设备、互联网等，以保障智慧课堂的开展和组织。有老师分享说："上课前，准备好与教学内容相关的设备、材料等。（具体包括：）我们教什么内容；准备什么设备让学生能够理解内容，尽可能多地获取知识；还有投影仪、电脑，各种准备看的数字资源；会呈现哪些步骤；如何知道学生的理解程度等；我们如何努力做到改变或增加更多的知识资源来帮助学生学习和理解更多，更好地让学生在学习中产生创意和兴趣等。"

（2）智慧教学课堂的实施

在本环节中，教师智慧课堂教学活动通过三个阶段进行，即教学前、教学中和教学后。

①教学前，为了确保教学过程的高效实施，教师精心准备了一系列的教学资源和技术工具，包括学习内容、技术设备、基础设施等。除此之外，他们还创建了在线教学小组，如 Line group、Zoom、谷歌 Meet、谷歌 Classroom 等，并准备了用于在线教学的实验室或虚拟实验室。在课前，教师经常通过智能手机组织游戏或小测验，以营造舒适的学习氛围和激发学生的学习兴趣。教师还会利用视频、数字媒体、问答等方式，通过智能手机来进行学习前测试，以此评估学生在学习前的知识掌握程度。此外，教师还会通过观察或访谈等方式了解学生对学习内容的兴趣，以便进行后续课程的调整。因此，教师在课前做了充分的准备和调整，以确保学生的学习体验和学习效果。

②教学中，主要目标是提升学习者的知识、技能和态度。因此，教师们采用各种教学方法，积极创造好的学习环境，以培养学生的能力。这个智能课堂最吸引人的地方在于学生可以在课堂上使用智能手机。本项目中三个不同学科的教师使用的教学方法有所不同。

在英语课堂中，教师通常侧重于通过多种方式进行教学，包括讲授和提问。教师利用幻灯片、网站、视频、录音、照片等工具设计教学举例，并针对相关问题与学生互动。此外，教师还可能组织学生演讲或小组讨论。具体来说，教师会给出话题或情景，让学生在小组中讨论。在此过程中，学生可以使用智能手机录制视频片段，并通过 Line group 发送给教师。其他小组则会检查同学的视频片段并进行评估。另外，学生也可以在白板上展示自己的成果，以提高互动性和参与度。

在数学课堂中，由于数学知识较为复杂，老师通常会使用 KKT 的幻灯片进行教学，并通过提问引导学生进入课堂。接着，学生需要从情境中回答问题，并通过总结思路的方式表达自己的观点。为了更好地理解和掌握数学知识，学生可以使用智能手机在互联网上搜索更多的信息。此外，学生还可以使用 Geogebra 程序来帮助验证几何猜想，以增强学习效果和互动性。

在理工科课堂中，教师主要采用以下几种方法进行教学：首先，教师会播放视频片段，然后学生可以使用 LabQuest 或其他设备与朋友一起练习，这种团队合作方式有助于培养学生的沟通、问题解决和批判性思维能力。其次，教师利用智能手机、数字媒体、虚拟实验室或模拟应用程序来支持教学，通过视频或图像给出问题或情境，然后鼓励学生使用智能手机搜索信息、与朋友讨论、分享他们的观点或制作视频剪辑。此外，教师还会使用应用程序（KKU iNote）和增强现实（AR）工具来帮助学生访问对象、工件或媒体以获取更多信息。

③教学后，是一个学生巩固知识的阶段，学生可以了解自己学到了多少。该项目的教师通过 Kahoot/Quiz 或 post-test 等方式总结课堂要点，检查学生水平；同时，学生需要回忆所学内容，并将其转化为思维导图和演示文稿，或上传至谷歌课堂。对于作业或家庭作业，学生可以使用智能手机搜索相关信息源，然后展示自己的学习成果。课后，学生可以通过多种方式与老师进行交流，如 Line、Messenger、Facebook 等。大多数教师都证实，学生们在课堂上会努力完成自己的课程和作业，老师很少在课后给学生布置额外作业。另外，在该智能课堂管理项目中，不仅有教师的参与，还有教学管理工作人员、专家顾问的参与和支持。他们负责对学习者的方法、内容、水平、质量、效果和成果进行管理、监督和评估，以确保学习过程的有效性和成果的质量。这种管理方式有利于提升学生的学习效果和教师的工作效率。

（3）学生学习效果与水平评价

在该项目中，教师使用多种评估方式来衡量和评估学生的水平，例如，通过谷歌表格进行课前测和课后测，使用 Kahoot 或 Quizzes 进行游戏问答，同时也进行口头提问和回答。这些评价方法可以帮助教师在学习前了解学生对课程的理解、知识和技能，从而适当调整和增加教学内容。比如，有老师以类似游戏的方式来开展评价，帮助教师了解学生的基本学习情况、安排考试（并不总是在学习之前或之后进行测试），如果学生在课堂上有不同的情况，教师就会进行一些测试，通过测试了解学生学习情况，然后有针对性地微调教学内容与课堂组织。

6.1.3 KKU 智能课堂管理项目启发

（1）在教学中采用了混合式教与学的结构设计

混合式学习应用于在线和个人学习经验的结合方式，它是一种崭新的教学模式，它描述了各种技术的集成来支持智慧教学。主要功能有：①期望和承诺的保障。教师在学业上为学生创造支持性环境，以加快行为节奏，产生平衡的结果。教师通过在线材料或面对面指导的形式提供不同的资源来帮助学生实现高期望。②转向基于能力的学习。为了让每个学生获得更好的技能，教师评估保持学生进步的正确途径。由于每个学生的进步都是不同的，并且没有特定的、单一的方法来衡量进步，教师找到了学生取得个人能力的进步措施。③教师全面评估和衡量所有学习者。教师衡量甚至重视所有具有不同技能、需求和期望的学习者，将每个学生的优点和缺点进行分类，并提出平衡的衡量方法来评估所有的学习者。④教师和学生之间交流的多样化。教师支持个性化教学和学生个性化发展。在大多数先进的技术和混合的教学方法下，老师开发了一种平衡的模式，以找到与每个学生良好交流的平台，衡量每个学生的需求，并确定个性化的教学指令，以满足每个学生的需求和期望。其模型如图 6-1 所示。

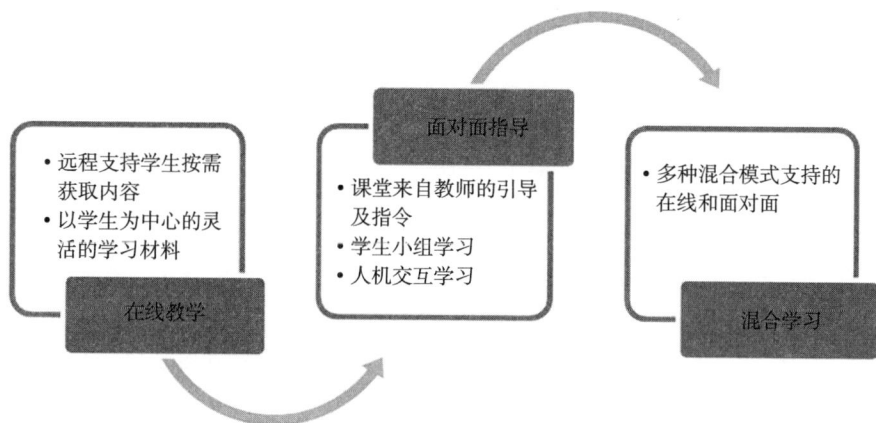

图6-1　线上线下混合教学模式的模型

（2）有效促进学生学习动机，培养学生能力

提高学习者的知识和技能是KKU智能课堂管理项目中教师最重要的目标之一。因此，他们使用不同的方法来培养学习者的理解和思维能力，以解决日常生活中相互关联的问题。该项目研究表明，三个学科的教师使用了一些相似的方法来培养学习态度。研究表明，大多数教师都侧重于采用各种教学方法培养学生解决问题、信息搜索、分析和创造性思维的能力，例如，给予学生提问和回答问题的机会，提供与课程相关的信息渠道，以鼓励学生学习；在学生回答问题时给予表扬；鼓励学生利用科技和智能手机搜索、学习和创造新想法；通过玩游戏来激发他们的学习兴趣；提供贴近日常生活的真实情境，以培养解决问题的能力；鼓励学生管理自己的小组，分配成员的职责，一起讨论和展示结果。因此，可以看出教师们通过多种方式来发展学生的知识和技能，并注重培养他们积极的学习态度。他们利用各种教学方法，如给予学生提问和回答问题的机会、提供与课程相关的信息渠道、鼓励学生学习等，培养学生的创造性思维和解决问题的能力，提高学生的知识和技能水平，以及培养他们的自主学习能力。

（3）KKU智能课堂管理项目中发现的局限性

当被问及教师对KKU在培养学习者能力（知识、技能、态度）方面的看法时，教师们表示这个项目的学习内容非常有趣，并且教师可以设计各种教学活动来吸引学生的注意力，适当调整内容，培养学习者的创造性思维、分析思维和解决问题的思维，提高团队合作、表达、沟通、协调、合作的技能，培养积极的学习态度。

对于教师来讲，在教学中运用技术、平台、应用程序等往往具有一定的挑战。一些教师在讲座、课堂管理、获取信息资源和使用应用程序进行教学时缺乏数字素养。鉴于此，他们必须参加培训，以弥补他们过去没有学过的技术知识和技能，适应情况变化并在教学过程中使用它们。

对于学生来说，这个项目要求他们在学习时间使用智能移动终端。然而，并非所有学生都有这样的设备。此外，在使用智能终端进行学习时，学生有时会失去教师的关注和监督，而去做与学习无关的活动，如在网上游戏、冲浪等。

因此，教师和学生都需要提高他们的数字素养和技术使用能力，同时学校也需要提供足够的设备来满足学生的需求。这样，我们才能充分利用这项计划的优势，并解决其可能带来的挑战。

6.2 日本实施教师智慧教学的做法

6.2.1 日本的教师智慧教学活用指导能力检查表

文部科学省，是日本中央政府行政机关之一，负责统筹日本国内教育、科学技术、学术、文化、体育等事务，2001年1月6日由原文部省及科学技术厅合并而成。日本文部科学省每年以教师智慧教学活用指导能力检查表为基础实施调查，在授课中活用智慧教学进行指导能力培养，教师的智慧教学能力得到稳步提升。

日本文部科学省认为，为了适应今后智慧教育教学的要求，推进教师智慧教学活用指导能力检查表的修改很有必要。因此，日本围绕智慧教学活用的环境的变化，根据"主体性、交互性、深度学习"的标准开展课堂教学质量提升活动，在 2015 年召开了"关于教师的智慧教学活用指导能力检查表的修订的讨论会"，在 2016 年举行了"关于教师的智慧教学活用指导能力检查表的修订等的讨论会"，在 2017 年制定了"教师的智慧教学活用指导力的基准（检查表）"并在 2018 年进行了修订。日本修订后的教师智慧教学活用指导能力检查表由"在教材研究、指导的准备、评价、校务等方面活用智慧教学的能力""在授课方面活用智慧教学进行指导的能力""指导学生活用智慧教学的能力""信息活用的基础知识和态度指导能力"4 个大模块构成，2018 年新增加了反映基本操作技能的必要性和协作学习要素的内容等。其中，"指导学生活用智慧教学的能力"是教师指导学生使用数字化智慧学习装备推进学习学业的能力。学生掌握智能移动终端的基本操作技能，收集和选择学习所需的信息，正确理解和创造信息，师生和生生之间进行实时沟通与交流。

可以说，日本的教师智慧教学活用指导能力检查表是用于评估教师智慧教学能力的重要工具。该检查表的设计旨在为教师提供一种客观、全面、系统的方法来评估他们的教学能力，同时也为教育机构和相关部门提供一种有效的评估工具，以了解教师教学能力的现状和存在的问题。该检查表通常包括一系列问题，涵盖了教师智慧教学能力的各个方面。这些问题包括教师对教学内容的理解、教学方法的选择、学生的学习需求分析、课堂管理、评估和反馈等方面的问题，以及一些开放性问题，要求教师回答他们在教学中遇到的问题和挑战，以及他们如何解决这些问题和挑战。该检查表的使用通常由教育机构或相关部门组织进行，他们可以邀请教师填写该检查表，并根据检查结果对教师进行有针对性的培训和指导，以提高教师的智慧教学能力。总的来说，日本的教师的智慧教学活用指导能力检查表是一种重要的评估工具，旨在评估教师的智慧教学能力，并为教师提供有针对性的培训和指导，以提高他们的教学水平。

6.2.2 日本开展教师智慧教学能力进修

为了提高教师的智慧教学能力，日本非常重视教师的智慧教育教学方法进修。为了全面开展教师智慧教学方法的进修，日本主要采取了校内研修的方式，并积极推动各学校培养"校内研修领导人"。在 2015 年 3 月，日本文部科学省在"校内研修领导人"的研修指南中指出，"校内研修领导人"应以校内智慧教学环境为基础，致力于培养学生所需的资质和能力，使教师和学生都能切实感受到学生的变化。因此，各学校通过研修，在"个别学习""协作学习""智慧教学设计"等方面开展培训，形成了研修示范课程。这种以教师为主体、以学生学习为中心的研修方式，有助于提高教师的智慧教学能力，促进学生的全面发展。

（1）阶段一："校内研修领导人"生成研修示范课程

示范课程由 10 节研修内容构成，其中"推进普及管理"和"研修计划制定/实施方法"2 个是教育委员会、教育中心等实施的领导人培养研修特殊化的内容。其余的 8 个是教师在学校开展校内研修时可以参照开展学习的（表 6-1）。

表 6-1 校内研修领导人培养研修示范课程

序号	模块名	培养的能力	所需时间
①	推进普及管理	校内管理能力	20 分钟
②	研修计划制定/实施方法	校内管理能力	15 分钟
③	智慧教学应用示范	—	5 分钟
④	教育信息化概论（教育信息化的整体情况）	智慧教学课程设计能力、校内管理能力、智慧教学活用能力、授课能力	15 分钟

（续）

序号	模块名	培养的能力	所需时间
⑤	教育信息化趋势（最新动态）	智慧教学课程设计能力、校内管理能力	15 分钟
⑥	先进、优秀案例介绍	智慧教学课程设计能力、校内管理能力、智慧教学活用能力、授课能力	15 分钟
⑦	课堂信息通信技术的活用要点	智慧教学课程设计能力、校内管理能力、智慧教学活用能力、授课能力	15 分钟
⑧	提高技能的心理准备	智慧教学课程设计能力、校内管理能力、智慧教学活用能力	15 分钟
⑨	利用智慧教学的教学设计	智慧教学课程设计能力、校内管理能力、智慧教学活用能力、授课能力	10 分钟
⑩	教学设计工作坊	智慧教学课程设计能力、校内管理能力、智慧教学活用能力	60~80 分钟

其中，①推进普及管理是指：学校相关教育管理部门以了解知识为目标，推进面向学校全体教师的管理与培训实施等。②研修计划制定/实施方法是指：根据教师的实际情况，分阶段开展研修的设计、实施，在推进过程中可以看到的组织的步骤和年度指导计划、策划等。③智慧教学应用示范是指：在研修的最初，让教师以切实感受研修效果、提高提升兴趣为目标，展示利用智慧教学授课的实例等。④教育信息化概论（教育信息化的整体情况）是指：了解有关教育信息化的基本知识和技术为目标，开展教育信息化的技术研修等。⑤教育信息化趋势（最新动态）是指：从广阔的视角了解利用智慧教学的必要性为目标，研究最近国家有关智慧教学的事业动向和教师利用智慧教学的指导能力的变化等。⑥先进、优秀案例介绍是指：以教师智慧教学案例为抓手，开展智慧教学研修活动等。⑦课堂信息通信技术的活用要点是指：将信息通信技术与设备的效果相结合，并以了解使用信息通信技术的场合和不使用信息通信技术的场合为目标，获得不同效果的实践案例。⑧提高技能的心理准备是指：以提高智慧教学活用技能的积极性为目标，探讨确认现

状和如何提高技能等。⑨利用智慧教学的教学设计是指：课程设计中选智能移动学习终端处理智慧教学活用课程设计时的观点和方法等。⑩教学设计工作坊是指：以切实感受到效果为目标，讨论工作坊的实施要点和案例等。

（2）阶段二：有效实施研修课程

为了使"校内研修领导人"发挥其作用，日本要求校内研修的参与者不仅需要成为擅长智慧教学的教师，还需要对教育信息化的理论性和整体性有明确的理解，以改善教学质量为目标。"校内研修领导人"首先需要进行教学设计，在此基础上设定研修目标、制定研修计划，并做好开展智慧教学所需的准备工作。为了达成研修目标，可以根据实施内容和听课者的特性，采用小组教学、模拟授课、校内研修参与者之间的信息共享等各种学习交流方式。同时，各研修机构会根据学员的理解程度和校内研修的实施情况对研修进行评价，通过评价来促进反思和提升等，并在以后的研修过程中进行修正和完善。此外，"校内研修领导人"的实施过程中也要依照"教师的智慧教学活用指导能力检查表"的项目，明确研修的目标，形成一个良好的闭环。这样，校内研修就可以成为一个持续改进的过程，通过不断反思、调整和优化，提高教师的智慧教学能力和教育质量。

日本所尝试的教师智慧教学能力研修实践，有力促进了学校智慧教学的应用，也为信息化环境下教师的"教"和学生的"学"带来很大变化。

6.2.3 日本在智慧教学能力培养对我们的启发

日本在教师智慧教学能力培养方面有很多值得我们借鉴的地方。①重视教师培训。日本非常重视教师的培训，不仅在入职初期进行系统性的培训，还定期举办各种教学研讨会和进修课程，以不断提高教师的教学水平和能力。②注重教师的终身学习。日本教育部门鼓励教师终身学习，通过各种渠道提高自己的教学水平和能力。教师可以参加在线课程、研讨会、讲座等，以获取最新的教学理念和方法。③强调教师的实践经验。日本学校鼓励教师参与各种教学实践和研究活动，以提高他们的实践经验和教学能力。他们可以参加各种研讨会、讲座和培训课程，与其他教师交流经验和心得，也可以通过自己的教学实践来提高自己的教学能力。④注重教师的反思和自我评估。日本教师非常注重反思和自我评估，他们通过反思自己的教学实践和教学效果，不断改进自己的教学方法和策略。同时，他们也会与其他教师交流经验和心得，共同探讨如何提高教学效果。⑤注重信息技术与教学的融合。日本非常注重信息技术与教学的融合，他们鼓励教师使用各种信息技术工具和平台来辅助教学，以提高教学效果和质量。他们还注重教师信息技术应用能力的培养和提高，以确保教师能够有效地使用各种信息技术工具和平台。

我国也应该加强教师培训，注重教师的终身学习和发展，鼓励教师参与实践和研究活动，注重教师的反思和自我评估，并注重信息技术与教学的融合。只有这样，我们才能不断提高教师的教学水平和能力，为学生的发展提供更好的教育服务。

6.3 英国在教师智慧教学能力培养方面的做法

6.3.1 英国计算机科学素养课的启动

在 2014 年，为了将学生培养成为 21 世纪新型技能人才和世界领军人才，英国皇家学会提出了一种教育要与时俱进的理念。为此，他们取消了以往以信息通信技术（ICT）为主题的国家课程，并开始实施名为计算机科学课程（Computing）的全新学科，这个课程包括三个内容，分别是计算机科学（CS）、信息技术（IT）和数字素养（DL）。英国启动 Computing 课程的意义在于培养具备计算机科学知识和技能的人才，提高国家在全球范围内的竞争力，同时也可以为经济发展和科技创新作出贡献。Computing课程旨在教授学生计算机编程、数据结构、算法、人工智能、网络安全等方面的知识，帮助学生掌握计算机科学原理和技能，培养他们的创新能力和解决问题的能力。通过学习Computing课程，学生可以获得就业市场上广泛认可的技能和知识，提高自己的竞争力和职业发展前景。此外，Computing课程还可以促进英国教育体系的数字化转型，推动教育信息化和智能化发展。通过引入计算机科学课程，英国学校可以提高教学质量和效率，改进教育资源的管理和分配，促进教育公平和均衡发展。总之，英国启动Computing课程的意义在于培养具备计算机科学知识和技能的人才，提高国家在全球范围内的竞争力，促进经济发展和科技创新，同时推动教育信息化和智能化发展。

随后，英国皇家学会进行了新阶段研究，以审查新课程的进展情况，并发布了一份名为《重启后报告》的报告。该报告还强调了计算机科学课程的重要性。它强调，计算机科学是一门关乎技术、创新和社会发展的核心学科。这门学科不仅可以帮助学生掌握计算机编程和算法设计等技能，还可以培养学生的逻辑思维、问题解决和团队合作能力。

然而，报告指出，由于缺少经验丰富的计算机科学教师，很多学校在教授这门课程时遇到了困难。存在的问题包括师资短缺、教师培训不足以及缺乏教材和教学资源等。为了解决这些问题，报告建议政府紧急加大对计算机科学教师的财政支持。具体而言，他们建议将对计算机科学教师培训和发展计划的经费增加十倍。这样一来，可以提高教师的专业水平，并确保他们能够适应不断变化的技术和教学需求。此外，报告还呼吁各级政府、学校和非营利组织共同合作，共享最佳实践和教学资源，以推动计算机科学课程的发展。只有通过加强支持和合作，才能确保学生们得到实质性的计算机科学教育，为他们的未来发展奠定良好的基础。

6.3.2 英国的 Digital School House 项目（数字学校之家）

（1）英国的 Digital School House 项目介绍

英国 Digital School House 项目是一个旨在改进学校数字环境，提升教育质量的计划。该项目通过提供一个集中的、统一的数字环境，更好地进行课程管理与学生支持，从而改进学习环境、促进师生互动，同时增强与学习有关的每一个环节。该项目的主要特点包括提供数字化的学习空间、课程管理和学生支持系统，以及作为数字资源库，存储和管理大量的数字资源。该项目旨在提高教育质量，增强学生的学习体验和效果，同时促进学校与社区之间的互动和合作。英国 Digital School House 的主要作用是提供一个集中的、统一的数字环境，以便更好地进行课程管理与学生支持。它有助于改进学习环境、促进师生互动，同时增强与学习有关的每一个环节。具体来说，这个项目的主要特点包括：①提供数字化的学习空间，这不仅可以增强学生和教师的互动，也可以提供一个共享的平台，让所有人都可以访问和使用这个平台。②它可以为教育机构提供课程管理和学生支持系统，例如教师可以在这个平台上布置作业、批改作业、查看学生的学习进度，从而更好地管理课程。③它也可以作为一个数字资源库，存储和管理大量的数字资源，包括课程材料、视频、图片等，供教师和学生使用。

总的来说，英国 Digital School House 项目有助于提高教师数字教学能力，增强学生的学习体验和效果，提升课堂教育质量。

（2）英国的 Digital School House 的成功案例

①普雷斯顿中学参与 Digital School House 项目。通过该项目，普雷斯顿中学建立了数字化学习中心，为学生提供了丰富的数字化资源和工具，如在线学习平台、虚拟实验室和互动白板等。学校还开展了一系列数字化教学活动，如在线协作项目、数字化演讲、数字化写作等。这些活动不仅提高了学生的数字化素养和技能，也促进了学校的教学质量

和效果。此外，普雷斯顿中学还积极参与了 Digital School House 项目组织的各种培训和研讨会，以不断提高教师的数字化教学能力和素养。学校与社区、企业和教育机构的合作也得到了加强，建立了数字化教育联盟，为学生提供了更多的在线学习资源和活动，促进了学校与社区、企业的互动和合作。普雷斯顿中学通过积极参与 Digital School House 项目，借助数字化教学环境和资源、培训和技能提升、合作和互动等方式，有效地提高了学校的教学质量和效果，并促进了学生的数字化素养和技能的培养。

②贝尔法斯特女王大学参与 Digital School House 项目。学校利用该项目为学生提供了在线学习平台和数字化资源库，方便学生自主学习和探究。此外，学校还积极参与了 Digital School House 项目组织的各种培训和研讨会，以提高教师的数字化教学能力和素养。学校还通过开展数字化教学实验和研究，探索数字化教学的有效方法和模式，取得了显著的教学效果和质量提升。同时，学校也加强了与社区、企业和教育机构的合作，共同建立了数字化教育联盟，为学生提供了更多的在线学习资源和活动，促进了学校与社区、企业的互动和合作。总之，贝尔法斯特女王大学通过积极参与 Digital School House 项目，为学生提供了丰富的数字化资源和工具，并积极探索数字化教学的有效方法和模式，促进了学校的教学质量和效果的提升。

6.3.3 英国的 Digital School House 带给我们的启发

英国 Digital School House 项目开展教师智慧教学能力提升优势主要包括以下几点：①数字化教学环境的建设。英国 Digital School House 项目为我们提供了一个集中的、统一的数字环境，有助于教师更好地进行课程管理、学生支持和学生互动。这启示我们，要重视数字化教学环境的建设，为教师提供必要的数字化工具和资源，以便更好地开展教学工作。②智慧教学能力的培养。英国 Digital School House 项目强调了教师智慧教学能力的重要性。智慧教学是指教师运用现代信息技术和手段，创新教学方式和方法，提高教学效果和质量。这启示我们要注重培养教师的智慧教学能力，提高教师的信息技术素养和教学能力，以适应数字化教育的趋势。③数字化资源库的建设。英国 Digital School House 项目为我们提供了一个数字资源库，存储和管理大量的数字资源，供教师和学生使用。这启示我们要加强数字化资源库的建设，为教师提供丰富的数字资源，以便更好地开展教学工作。

英国 Digital School House 项目给我们开展高校教师智慧教学能力提升的启发是，我们高校要重视数字化教学环境的建设，注重培养教师的智慧教学能力，加强数字化资源库的建设，以促进教师智慧教学能力的提升。同时，我们还须加强与社区、家长、学生等多方合作，共同推动数字化教育的进程。

高校教师智慧教学能力
提升策略与路径研究

　　在高等教育数字化转型大趋势和国家有关教育政策驱动下，近年来国内高校都在花费重金建设以智慧教室为核心的数字化教学环境，积极推行智慧教学，将智慧教学作为促进教学改革、提升教学质量的重要抓手。但从总体上看，智慧教学并没有给教育领域带来令人激动的应用效果，更没有从根本上改善教育形态，究其重要原因就是教师既有的专业知识结构和教学能力不能满足开展有效智慧教学的需要。TPACK 是高校教师在具体教学实践中有效利用现代信息技术的知识框架，直接影响着教师的技术使用意愿、行为和效果。高校要深入推进智慧教学，提升教学质量，必须重视发展和提升广大教师智慧教学背景下的 TPACK 水平，必须在内因和外因两个方面下功夫，两手都要抓、两手都要硬。换言之，高校智慧教学能力的提升涉及学校顶层设计、职能部门牵头落实和教师个人意愿等多方因素。学校层面，要大力创设智慧教学环境、做好智慧教学培训、完善相关评价激励机制等，比如搭建智慧化教学环境、智慧化的学生平台环境、智慧化的教师备课环境；教师个人层面，要对智慧教学更多关注和重视，要有提升智慧教学能力强烈意愿，比如要转换观念，提高认识，抓住各种机会提升各项技术能力，强化与课程、教学深度融合的能力，学会智慧技能，掌握智慧评价，科学引导学生实现智慧教学。

　　在本章，笔者对高校教师智慧教学能力提升方向与策略进行思考，有助于我们更好地理解和把握高校教师智慧教学能力提升的实施路径，让它们成为我们可遵循的指导，帮助我们更好地实现高校教师智慧教学能力的提升，同时也能够满足当前教育领域对教师智慧教学能力提升的实际需求。

7.1 高校教师智慧教学能力提升方向与策略

7.1.1 明晰高校智慧教学的理论实践模块

建立适合高校教师智慧教学能力的理论与实践模块，不仅可以为教师提供清晰的教学指导、系统的培训和交流机会，还有助于提高教师的智慧教学能力，进而提高教学效果和质量。在明确每个模块的具体要求和标准时，我们需要深入考虑以下几个方面的内容：

首先，对于智慧教学设计能力模块，高校教师需要掌握如何利用智慧教学工具和资源，并根据学生特点和教学目标进行有效的课程设计。这意味着教师需要了解各种智慧教学工具和资源的特性和功能，以便能够根据不同的教学内容和目标选择合适的工具和资源。同时，教师还需要具备创新思维和教学设计能力，能够将教学内容和目标转化为具体的课程设计，并确保课程设计能够满足学生的学习需求和兴趣。

其次，对于智慧教学实施能力模块，高校教师需要灵活运用智慧教学工具和方法，确保教学过程的顺利进行。这需要教师具备教学组织和管理能力，能够有效地管理课堂、引导学生积极参与教学过程。同时，教师还需要具备听取教学反馈意见并调整的能力，能够根据学生的学习情况和反馈及时调整教学策略和方法，以确保教学效果和质量。

最后，对于智慧教学评价能力模块，高校教师需要利用智慧教学工具和平台，对学生的学习成果进行客观、科学的评价和反馈。这需要教师具备数据分析和评价能力，能够利用智慧教学平台提供的统计数据和分析报告，对学生的学习成果进行客观评价和反馈。同时，教师还需要具备一定的创新思维能力，能够根据学生的实际情况和反馈进行科学、有效的评价和反馈。

通过以上三个模块的具体要求和标准的明确，我们可以为高校教师提供清晰的教学指导、系统的培训和交流机会。这对于提高高校教师的智慧教学能力，进而提高教学效果和质量具有重要意义。同时，这也为高校教师提供了更多的交流机会和资源支持，有助于推动智慧教学的普及和发展。

7.1.2 明晰智慧教学能力培养和交流活动

学校职能部门在提升高校教师智慧教学能力路径中的角色非常重要。为了提高教师对智慧教学的认识和掌握程度，学校职能部门可以通过开展校本和校级培训、线上和线下交流活动来实现。首先，校本培训是针对教师个体的针对性培训，可以根据不同学科的特点和需求，提供具有针对性的智慧教学工具使用、教学方法应用、评价体系建立等方面的培训内容。这样可以确保教师能够更好地理解和掌握智慧教学的理念、工具和方法。其次，校级培训可以邀请专家和学者举办讲座分享，让教师能够从更广阔的视角了解智慧教学的发展趋势和实践经验。这些讲座和分享可以进一步提高教师对智慧教学的认识和掌握程度，同时也可以激发教师对智慧教学的探索和研究兴趣。此外，学校职能部门还可以通过线上和线下交流活动促进教师之间的合作和交流。例如组织线上研讨会、教学经验分享会、教学观摩等活动，让教师能够相互学习进步；还可以组织线下交流活动，如教学研讨会、专题讲座等，让教师有机会面对面地交流和讨论智慧教学的问题和经验。这些交流活动不仅可以增强教师之间的合作和凝聚力，还可以为教师提供更多的教学资源和信息，促进智慧教学的普及和发展。

学校职能部门还需要定期评估教师智慧教学能力的提升情况，并根据评估结果进行调整和改进。这样可以帮助学校职能部门更好地了解教师的需求和问题，并及时提供支持和帮助，促进教师智慧教学能力的持续提升。

7.1.3 明晰智慧教学支持环境和激励机制

明晰智慧教学支持环境和激励机制对于提升高校教师智慧教学能力至关重要。首先，高校应为教师提供全方位的智慧教学支持环境，包括丰富的智慧教学资源、便捷的智慧教学工具以及精准的智慧教学评估等方面的支持。这些资源、工具和评估机制应当为教师提供有力的工具和手段，使他们能够更轻松、更有效地开展智慧教学。通过这种方式，高校教师可以专注于提高教学质量和学生的学习效果，而不是花费过多时间和精力在技术层面。其次，高校应建立激励机制，进一步鼓励教师开展教学研究和改革。高校应积极探索适合教师智慧教学的模式和方法，以提高教学效果和质量。为此，高校可以制定一系列激励政策，如奖励、表彰、晋升等方面的政策支持。对于在教学研究和改革方面取得显著成果的教师，高校可以给予适当的荣誉和奖励，以激发他们进行教学创新和研究的积极性。这些激励政策不仅可以提高教师的工作满意度和成就感，还可以为教师提供更多的发展机会和资源，促进他们在智慧教学领域持续发展。

通过明晰智慧教学支持环境和激励机制，高校可以为教师创造一个良好的教学环境，并提供足够的支持和激励，从而帮助他们更好地开展智慧教学，提高教学效果和质量。这样的环境将有助于激发教师的教学热情和创新精神，并将为培养具有创新能力和批判性思维的高素质人才作出更大贡献。

7.1.4 明晰智慧教学的跟踪、评估、激励

明晰智慧教学的跟踪、评估、激励，对于提升高校教师智慧教学能力至关重要。我们需要对高校教师智慧教学能力进行持续跟踪，了解教师智慧教学能力的变化和提升情况。通过这种方式，我们可以及时调整

培训和激励政策，确保教师智慧教学能力得到持续提升。此外，我们还需要定期进行智慧教学评估，以了解教师的教学方法和策略是否有效，帮助教师了解自己的教学优势和不足，以及学生的学习成果是否得到改善。评估结果可以为高校提供宝贵的信息，以便我们及时调整和改进教学策略，优化教学方法，提高学生的学习效果，提高教学效果和质量。

7.2 高校教师智慧教学能力的提升路径

笔者通过对国外智慧教学能力培养的经验总结，并结合对部分高校的教师智慧教学能力状况调查结果和影响因素分析，提出了基于TPACK理论的"观念转变—知识结构—能力培训—实践反思—环境保障"高校教师智慧教学能力提升路径。

7.2.1 转变思想观念：提升教师智慧教学能力的前提

思想观念决定行为方式，这一观念在智慧教学改革背景下尤为重要。在高校教师智慧教学能力的提升过程中，转变教师的思想观念是关键。教师的教学观念和技术观念对智慧教学实践具有定向作用，一旦形成，就具有相对稳定性和排他性。恪守陈旧落后的教学观念和技术观念对教师来说就意味着退步。因此，高校教师智慧教学能力的发展和提升必须建立在正确的教学观念和技术观念上。具体来说，高校教师需要认识到智慧教学的优势和必要性，理解智慧教学的理念和方法，从而转变自己的思想观念。他们需要接受新的教学技术和工具，并学会如何有效地使用它们，从而提升他们的智慧教学能力。同时，他们也需要理解智慧教学并不只是技术的运用，更是对教育理念、教学方法的全面更新和提升。这样的转变并不仅仅是高校教师个人的事情，也需要学校的支持和引导。学校应该提供培训和资源，帮助教师理解和接受智慧教学，并提供足够的激励和支持，使教师有动力去提升自己的智慧教学能力。通过这样的方式，我们才能真正实现智慧教学改革的目标，培养出具有创新能力和批判性思维的高素质人才。

在教学理念上，教师需要认识到有效智慧教学必须以先进的教育思想和理念为指导，以培养学生复杂问题解决能力和创新能力为目标取向。为此，教师必须摒弃以知识掌握为核心的落后教学观念，并深刻理解知识在智慧教学中的角色和位置。知识是教学目标的一部分，是促进学生能力形成和发展的资源或手段，但不是主要目标或唯一目标。在智慧教学中，高校教师需要学会利用智慧教学工具和手段，以学生的学习为中心，设计教学活动，为学生创设学习情境，组织学习资源，指导学生通过协作互助、自主学习完成知识建构和能力生成。此外，教师还要改变传统教育思想中"权威—依存"的师生关系，着眼建立互动对话、合作参与的新型师生关系。这样的师生关系不仅有助于学生与教师之间的互动和交流，还有助于学生之间的合作和互助，促进学生的个性化学习。在修正传统教育思想的同时，教师也要尊重学生之间存在的个体差异，促进学生的个性化学习。这样的教学观念转变是智慧教学得以有效实施的基础和前提。教师需要不断提升自己的智慧教学能力，以适应教育改革的需求，培养出具有创新能力和批判性思维的高素质人才。

在教学方法上，教师必须认识到智慧教学在促进教学由"教"向"学"的转变，以及在支持学生知识建构、互动交流、小组合作、个性化学习，以及支持教师创设学习环境、开展过程性评价等方面，具有传统教学无法企及的优势。智慧教学不再局限于单一的技术，而是众多智慧工具和手段的集合，每种具体智慧工具或手段都有其教学功能可供性和限制性。因此，高校教师在智慧教学的准备过程中，需要充分考虑教学境脉特征，结合教学目标、内容和方法，恰当选取具体的智慧教学工具和手段。然而，目前多数高校教师在教学中对智慧教学工具和手段的使用，还仅停留在播放演示 PPT 课件的浅层应用上，很少有高校教师将其作为学生的知识建构工具、互动交流工具、情感激励工具。这表明高校教师对智慧教学工具和手段的认识和使用还有待提高。因此，高校教师应该以开放的心态主动学习智慧教学工具和手段的使用方法、策略和技巧，深入把握每种智慧教学工具和手段的功能可供性和限制性，并根据教学需求恰当选取并加以应用。只有这样才能发挥出智慧教学的优势，使技术与教育真正融合，真正服务于教学。此外，高校教师还应持续关注新技术的发展和应用，不断探索和创新智慧教学方法和手段，以满足教育改革和智慧教学的需求。

智慧教学是教育信息化时代的一种新型教学模式，其特点在于数字化、网络化、智能化、多媒体化和泛在化，能够实现开放、共享、交互、协作。这种教学模式旨在用信息技术改变传统模式，以教育信息化促进教育现代化。高校教师作为教育改革的重要力量，需要加深对智慧教学模式、智慧教学策略、智慧教学方法等的理解和认识。智慧教学模式是以学生为中心，以智慧教学工具和手段为支撑，通过设计教学活动、组织学习资源、创设学习情境，引导学生自主学习、协作学习、探究学习，从而达到知识建构、能力生成和素质提升的目标。智慧教学策略则是为了实现智慧教学模式而采取的方法和手段，包括智慧教学设计策略、智慧教学组织策略、智慧教学评价策略等。智慧教学方法则是为了达到教学目标而采用的具体教学方法，包括案例教学、项目教学、翻转课堂等。在智慧教学中，教师需要充分利用数字化、网络化、智能化和多媒体化的教学工具和手段，为学生提供丰富的学习资源，创设多样化的学习情境，引导学生开展自主学习和协作学习。同时，教师还要关注学生的个性化需求，尊重学生之间的差异，促进学生的个性化学习。只有深刻理解和掌握智慧教学模式、智慧教学策略和智慧教学方法，才能更好地应用智慧教学工具和手段，发挥出智慧教学的优势，实现教育信息化的目标，促进教育现代化的进程。

7.2.2 优化专业知识：提升教师智慧教学能力的基础

根据 TPACK 理论，教师智慧教学能力发展的核心是促进教师智慧教学环境下 TPACK 知识的生成。TPACK 知识作为一种信息化教学环境中有效教学必须具备的全新知识，已经超越了学科内容知识、教学法知识和技术知识三种单独的知识要素，但我们必须清醒地认识到，TPACK 知识的形成和发展必须以三种知识要素为基础，不能在脱离三种知识要素的情况下，将 TPACK 知识作为一种独立的知识形式来培养。所以智慧教学背景下促进高校教师智慧教学能力发展的基础工作就是优化教师的学科内容知识、教学法知识和技术知识。

学科内容知识虽然来源于学科教学内容，但其本身并不会因为教学方式从普通多媒体教学转为智慧教学而发生质的变化。然而，基于智慧教学的新要求，教师需要根据实际教学需要，对学科内容知识进行重构，使其更符合智慧教学的特点。智慧教学突出学为中心和能力为先，倡导个性化学习与实践创新，因此教师需要重新构建自己的教育学和心理学知识体系，以适应智慧教学的需要。在智慧教学中，教师需要掌握一定的技术知识，这是开展智慧教学的基础。然而，教师不能仅满足于熟练掌握各种具体智慧教学工具操作方法，还必须搞清楚他们各自在教学中能发挥哪些具体功能，有哪些局限性。只有这样才能更好地驾驭运用这些技术工具，避免出现技术滥用或技术不足的情况。智慧教学是一种新的教学方式，大部分高校教师（包括具有师范背景的教师）都缺乏智慧教学所需的教学法知识和技术知识。因此，高校教师要积极分析自己的薄弱方面，主动优化和提升自己的智慧教学能力。这不仅需要教师不断学习新的教学方法和技术，还需要教师深入理解智慧教学的理念和特点，从而更好地应用智慧教学工具和手段，实现教学效果的最优化。

总的来说，智慧教学对教师提出了更高的要求，高校教师需要不断学习和提升自己的教学能力，以适应智慧教学的需要。只有这样，高校教师才能更好地服务于学生的学习，实现教育信息化和现代化的目标。比如，高校教师可以利用智慧教学环境和设备创新教学模式和教学方法。在智慧教育中，高校教师应创新教学模式和教学方法，在建构主义教学理论、翻转课堂教学理论和混合式教学理论的基础上，提出科学、高效的信息化教学模式。智慧教育模式以教师为主导，学生为主体。在课前阶段，高校教师可以利用智慧教学平台发布学习视频和案例资料，引导学生自主开展预习，并参加课前形成性测试。在课中阶段，高校教师着重于学生练习与实践，组织学生分组开展合作与交流。在课后阶段，高校教师在智慧教学平台上发布作业、课外网络教学资源介绍以及巩固测试。学生可以在智慧教学平台上反复观看教学视频和教学课件，并利用网络测试来自我评价、发现问题。学生学习可以自定步调，把握学习进度。智慧教学模式满足学生个性化学习要求，充分体现了学生学习的主动性和自觉性。具体操作步骤见图7-1。

图7-1 智慧教学环境下教学模式流程

7.2.3　抓好教学培训：提升教师智慧教学能力的重点

提升高校教师智慧教学能力单靠教师个人自主学习是远远不够的。首先，教师缺乏相关的学习资源，如智慧教学工具、软件、课程等，这使得教师难以系统地学习和掌握智慧教学的知识和技能。其次，多数教师可能会因为缺乏学习动力而懈怠，导致学习效果不佳。因此，高校必须将抓好教师智慧教学能力相关培训作为促进发展的重点工作。然而，在高校校本智慧教学相关培训中，也存在一些问题：参训教师覆盖面窄，部分教师可能没有机会参加培训；教师参与度不高，部分教师可能缺乏积极性；智慧教学实践成效不大，部分教师可能无法将所学知识应用到实际教学中；现实智慧教学效果不凸显，部分教师可能无法看到智慧教学的实际效果；智慧软硬件环境配套保障不到位，部分高校可能缺乏足够的硬件和软件环境支持；教师智慧教学能力评价标准不当，部分高校可能没有一个合理的评价标准来评估教师的智慧教学能力；缺少相关奖励机制，可能导致教师缺乏积极性。因此，需要进一步研究、探索和解决这些问题。

为了解决这些问题，高校可以采取以下措施。首先，高校应该提供丰富的学习资源，包括智慧教学工具、软件、课程等，以便教师能够系统地学习和掌握智慧教学的知识和技能。其次，高校应该建立有效的奖励机制，激励教师积极参与智慧教学相关培训，并将所学知识应用到实际教学中。此外，高校还可以组织研讨会、讲座等活动，邀请专家和优秀教师分享智慧教学的经验和成果，以便教师能够互相学习和交流。同时，高校应该建立一个合理的评价标准，以便评估教师的智慧教学能力，并为他们提供必要的支持和帮助。只有通过多方面的努力，才能有效地提升高校教师的智慧教学能力，从而更好地服务于学生的学习，实现教育信息化和现代化的目标。

（1）做好教师智慧教学能力培训管理

教师智慧教学能力相关培训属于教学能力培训的一部分，是高校教师教育工作中非常重要的一部分。目前,高校教师教学能力培训工作的牵头组织单位很多,包括教师发展中心、教务处、二级教学单位等,这种多头组织管理在一定程度上弱化了培训效果。为了提升培训管理质量和效果,高校应该建立开放有序的培训管理体系,由教师发展中心或类似职能部门来统一管理全校教师教学能力培训工作。教师发展中心应该成为高校教学能力培训工作的主要牵头单位,负责统一组织和管理全校的教师教学能力培训工作。其他单位发起或促成的相关培训项目,必须交由教师发展中心统一组织实施,以确保培训的规范性和系统性。这样不仅可以提高培训管理的质量和效果,还可以促进不同部门之间的协调和合作,增强高校教学工作的整体性。为了提升培训质量,教师发展中心要根据相关政策,科学制定培训管理办法,对培训进行精细化管理;还要重视并做好培训监督评估、跟踪反馈工作,及时发现和解决培训中存在的问题,不断优化和改进培训内容和方式,以满足教师和学生的需求。同时,高校也应该加强对教师教学能力培训的宣传和推广,提高教师对培训的重视程度和参与度,鼓励教师积极参与各种形式的培训活动,不断提升自己的教学能力和智慧教学水平。只有通过多方面的努力,才能有效地提升高校教师的智慧教学能力,从而更好地服务于学生的学习,实现教育信息化和现代化的目标。

(2)分学科分层次开展培训

教师智慧教学能力具有极强的学科性,它与具体的学科内容、教学方法、学生特点等密切相关,因此不同学科教师的智慧教学能力有很大不同。此外,教师智慧教学能力还受具体教学境脉的影响,不同的教学情境需要不同的智慧教学策略和方法。因此,面向全校各专业学科的通用技术知识和教学法知识培训对提升教师智慧教学能力作用是不大的。为了提升教师的智慧教学能力,学校在组织相关培训时,应该根据培训的目的和内容,分学科开展培训。学校应该根据不同学科的特点,制定相应的智慧教学培训方案,以满足不同学科教师的学习需求。这包括提供适合各学科的智慧教学工具、软件、课程等资源，以及适合各学科的教学方法和策略的培训。学校应该鼓励教师根据各自的教学经验和学科特点，开展自主学习和实践，通过实践探索适合自己的智慧教学策略和方法。此外，学校还可以组织跨学科的研讨会、交流会等活动，让不同学科的教师互相学习和交流智慧教学的经验和成果，以便共同提升智慧教学能力。

总之，分学科开展教师智慧教学能力相关培训，能够更好地满足不同学科教师的学习需求，提高培训质量，增强培训效果从而有效提升教师的智慧教学能力。只有通过多方面的努力，才能真正提升教师的智慧教学能力，为学校的教学质量和学生的发展作出更大贡献。教师的年龄、职称、教龄、任教学科、是否具有师范背景对教师智慧教学能力的发展也有一定的影响作用。因此，学校在组织教师智慧教学能力相关培训时，在分学科的基础上，还要考虑年龄、职称、教龄、是否具有师范背景等因素，进行分层次的培训。但这种分学科、分层次的培训在某种程度上会增加培训组织的难度。

培训组织管理部门可以在培训前将培训的具体内容、方式方法提前向教师公布，让教师根据自己的兴趣和实际情况来选择是否参加培训，给教师自主选择的机会，以提升培训的实效，使教师获得不同层次的发展。为了防止教师每次都参加培训或从来都不参加培训，学校还可以规定每位教师每年必须参加培训的最高次数和最低次数。

（3）恰当选择培训方式

高校教师智慧教学能力的提升以教师的学科内容知识、技术知识和教学法知识为基础，一般要经历获知、接受、适应、探索和提升五个阶段。因此在开展教师智慧教学能力相关培训时，要根据培训的目的和内容恰当地选择培训方式。如果单纯是为了提升教师的技术或教学法方面的显性知识，可以采用专家讲授的方式。如果是为了提升教师智慧教学环境下的 TPACK 知识水平，最好采用基于设计学习的培训方式。

国外研究和实践证明，基于设计的学习是提升教师智慧教学环境下TPACK知识水平的最佳途径。该方法的核心思想是让教师通过小组协作的方式，针对真实的学科教学问题设计技术解决方案。基于设计的学习是典型的"做中学"的学习方案，与传统"做中学"方案不同的是，该方案改变了传统"讲解示范—操作练习—实践应用"被动的线性的学习过程，更加突出了学习者的主体地位，让学习者在问题解决的实践中体会智慧教学中TPACK知识的真谛。需要说明的是该方法关注的重点并不是某种技术的具体应用，而是教师对参与过程的理解、认识和观念，以及教师对学科内容知识、技术知识和教学法知识整体把握状况。

7.2.4 开展实践反思：提升教师智慧教学能力的关键

教学实践反思，是教师通过对教学的回顾、反馈和监测，发现个人在教育教学过程中遇到问题，积极并深入开展总结、学习和思考，实现自我调节与优化，最终实现优化教育教学实践。自20世纪80年代以来，教学反思就已经受到国内外专家学者的研究关注，并迅速成为推动教师专业发展的重要因素。

高校教师成长，同样需要教学实践经验和教学反思的有机结合，通过将教师个体教学过程、交流学习和反思融会贯通，才能不断地获得更好的专业发展。智慧教学实践的反思是高校教师专业能力持续发展的有效手段，是提高高校智慧教育教学质量的重要保障，是实现高校教育教学改革的必由之路。因此，高校教师对智慧教学实践的反思能力就显得尤为重要。智慧教学环境下教师TPACK知识的境脉依赖性、实践性和缄默性特征，决定了高校教师智慧教学能力的提升最终离不开教师的智慧教学实践和反思。智慧教学工具和手段究竟会给教学带来哪些影响，只有开展智慧教学实践的教师才会清楚。面对复杂和结构不良的学科教学问题，教师首先要判断该问题是否适合使用智慧教学工具和手段来解决，思考智慧教学工具和手段在解决问题过程中潜在的作用和价值，进而根据当前的教学境脉，制定智慧教学方案，并积极地开展教学实践，在教学实践中不断积累智慧教学经验。

著名心理学家波斯纳（G. J. Posner）认为：没有反思的经验只能是狭隘的经验，至多只能形成肤浅的知识。教师如果只满足于教学经验的获得，而不对经验进行深刻的反思，他的教学水平的发展是很难获得有效提升的。教师应该通过反思自己的教学实践学习教的艺术。高校教师在智慧教学实践结束后，还要积极对实践活动进行深入反思，思考智慧教学工具和手段究竟在教学过程中起到了哪些作用，是否和自己的预期一致；教学方案是否科学，有哪些地方可以进一步完善；教学效果是否因为智慧教学工具和手段的应用而得到提升。在反思体悟中不断提升自己的智慧教学能力。

另外，高校可以创新教师教育和反思形式，比如建立线上加线下混合式教师智慧教学能力培养模式，形成高校教师学习共同体。高校教师对教学实践中的问题进行反思和探讨，不仅可以通过在教师校本培训中开展听课、评课，常抓不懈地提高教师的教学水平，还可以通过线上继续教育对教师教学中的实际问题进行反思与探讨。

7.2.5　营造良好环境：提升教师智慧教学能力的保障

从高校教师智慧教学能力提升来看，它涉及学校顶层设计、职能部门牵头落实和教师个人意愿等多方因素共同作用，离不开良好的智慧教学软、硬环境。在学校层面，要大力创设智慧教学环境、教师智慧备课环境、学生智慧学习环境等硬环境，以及管理评价机制等软环境。

"硬环境"主要是指开展智慧教学所需要的硬件设备与配套软件，以及教学场地、桌椅布局等。当前高校智慧教学硬环境建设基本由高校教学管理部门主导设计建造，但由于对智慧教学认识和理解的差异，所以建设好的智慧教学硬环境五花八门。这直接导致教师和学生并未产生良好的教学体验，感受不到智慧教室的"智慧性"，进而降低师生使用的热情，导致学校建设资金的"隐性浪费"。为此，高校在设计建设智慧教学硬环境时，要多到其他高校考察建设使用情况，多征求广大教师的意见，组织专业技术人员对比相关硬件和软件的性能，参考国家相关推荐性标准进行设计建造。许昌学院教师智慧教室一角如图7-2所示。

图7-2 许昌学院教师智慧教室一角

"软环境"主要是指智慧教学相关的管理机制、评价标准、规章制度、教学风气、师生关系等，其构成相对复杂。为了提升教师智慧教学能力，高校在软环境建设上要重点做好以下工作。第一，改革教学管理机制与评价标准，激发教师智慧教学创新。智慧教学的生命力在于运用智慧教学工具和手段赋能教学创新，没有创新的智慧教学终将退化为普通多媒体教学。高校教学管理部门必须改变僵化的教学管理机制与评价标准，破除束缚教师教学创新的樊篱，建立与智慧教学相适应的教学管理机制与评价标准，让教师甩掉思想包袱，敢于创新。第二，从教学竞赛、教学质量考评、职称评审等方面入手建立良好的激励机制，为教师提升自身智慧教学能力提供强劲的外部动力。比如专门举行教师智慧教学比赛，或者在常规的教学比赛中突出教师智慧教学效果分数所占的比重，在教学质量考评标准中专门设置有关智慧教学情况的条款，在职称评审办法中专门设置促进教师智慧教学能力提升的条件等。第三，学校要强化教师智慧教学教研活动。听课评课、教学观摩、集体研讨是目前高校最常用的教研活动方式，但活动落实中普遍存在交差应付现象。学校印发的"听课记录"和"教研活动记录"很多情况下是在应付学校检查时突击填写完成的，所以表面上看，学校教研活动开展得很好，有记录可以证明，但是这种"不入脑"的教研活动，很难对教师智慧教学能力的提升发挥作用。第四，搭建长期智慧教学经验交流平台。教师智慧教学能力提升是一个循序渐进的过程，不可能一蹴而就，所以仅靠有限的教学培训和教研活动是远不够的，学校可以通过微信群、QQ群、公众号等途径搭建长期的智慧教学经验交流平台，方便教师交流经验和寻求帮助。比如，许昌学院创建了"许昌学院教师中心"官方媒体公众号，以"营造教师教学氛围，促进教师发展"为主要宗旨，致力于许昌学院教师发展、教师培训等相关工作的信息分享与发布。图7-3为许昌学院教师中心通过公众号发布教师教学能力培训活动相关信息。

在高校教学实践过程中，高校教师所发挥的作用很大。随着教学技术的不断升级和更新，对教师掌握和应用高级技术的要求也越来越高。因此，智慧教学对高校教师的教学能力提出了更高的要求。智慧教学不仅要求教师具备扎实的学科知识，还要掌握一定的技术知识和教学策略，同时还要具备将技术与学科教学相结合的能力。为了适应这种新的教学需求，高校教师必须不断学习和掌握新的教学技术和工具，不断提高自己的技术应用能力和教学水平。为了实现这一目标，高校必须不断促进教师TPACK的发展。TPACK是一个综合性的框架，涵盖了教师所需的技术、学科内容和教学方法等方面的知识。高校需要提供各种培训和资源，帮助教师深入理解和掌握TPACK框架，使教师更好地将技

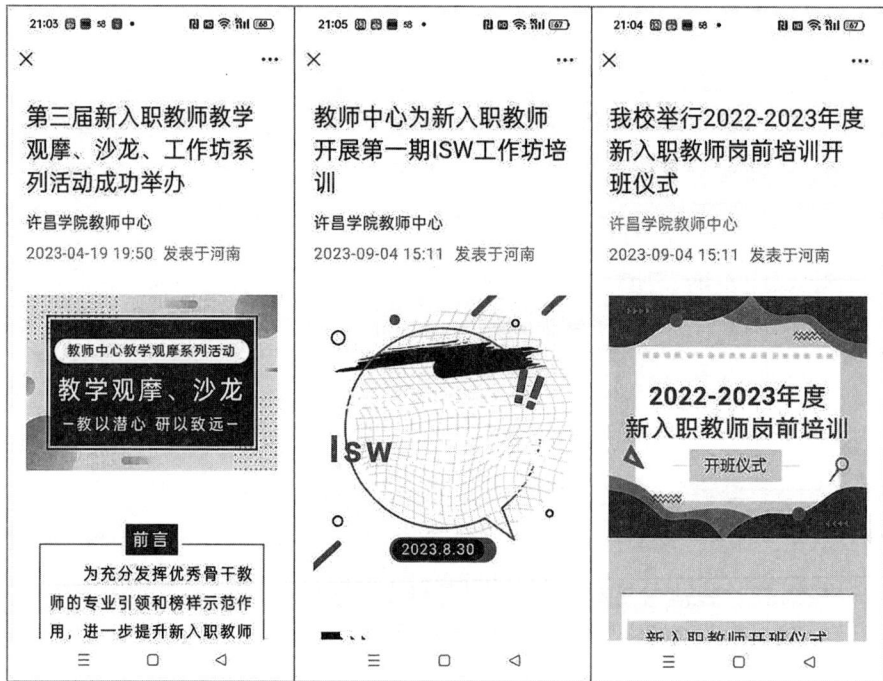

图7-3 许昌学院教师中心通过公众号对教师教学能力培训活动的发布

术融入教学中。除此之外，高校还需要在软硬件建设上下功夫。这意味着高校需要提供足够的技术支持和教学资源，为教师提供良好的教学环境，以便他们能够更好地发挥智慧教学的优势和价值。这包括提供先进的硬件设施、软件系统和教学资源，以及建立良好的技术支持和服务体系，以确保教师能够顺利地应用新技术进行教学。

通过这些努力，高校教师将能够更好地发挥智慧教学的优势和价值，完成智慧教学所担负的使命。这将有助于提高教学质量和学生的学习效果，推动教育信息化和现代化的进程。因此，高校必须重视教师的智慧教学能力培养和发展，不断推动教师TPACK知识水平的发展和软硬件建设，以适应新的教学需求，提高教育质量。

第8章

高校教师智慧教学能力
提升研究成果推广

　　在本项研究中，我们的团队共发表了 12 篇相关的学术论文，为我们提供了坚实的理论支持。我们的研究成果不仅丰富了教育学领域的知识体系，也为河南省职业教育和继续教育课程思政示范项目的建设提供了有力的支撑。我们积极参与河南省职业教育和继续教育课程思政示范项目《教育学原理》的建设，同时，我们也参与了河南省教育厅精品在线开放课程《小学教育学》和省级教师教学发展示范中心等 6 项教学质量工程项目的建设。这些项目的成功实施，不仅提升了我们的研究水平，也为我们提供了实践经验。

　　我们的项目活动与进展受到了广泛的关注和报道。我们的研究成果被"学习强国"、中国教育在线、《中国教育报》等 9 家媒体报道了 13 次，这充分展示了我们的研究成果的影响力。

　　我们的研究成果在河南省多所兄弟高校得到了推广应用，这些高校的教师和学生都从我们的研究成果中受益。据统计，直接受益教师达到了 344 人，受益学生达到了 7 490 人。这些数据充分证明了我们的研究成果的实用性和有效性。

　　总的来说，我们的研究成果不仅在理论上取得了显著的进展，也在实践上为河南省职业教育和继续教育课程思政示范项目的建设提供了有力的支撑。我们相信，这些成果将会在未来的教育领域中发挥更大的作用。

8.1 高校教师智慧教学能力提升研究成果创新

8.1.1 成果内容的创新

高校教师智慧教学能力是指高校教师在教学过程中运用信息技术、创新教学方法、优化教学环境、提升学生学习体验的能力，具体包括高校教师对信息技术的掌握和应用能力、对教学资源的整合和开发能力、对教学过程的组织和管理能力、对学生学习情况的评估和反馈能力等多个方面。高校教师智慧教学能力的提升，需要教师在教学过程中不断探索和实践，不断学习和提升自己的信息技术素养，不断更新教学理念和方法，以适应教育信息化的发展趋势。

本项目成果对教师智慧教学能力的研究，深化了对其构成要素和评价方法的认识，丰富了相关理论和实践经验。首先，成果从多个角度对智慧教学能力的构成要素进行了深入分析，包括教师的信息技术素养、教学理念和方法、教学资源整合和开发能力、教学过程组织和管理能力、学生学习情况的评估和反馈能力等。其次，成果提出了多种评价方法，包括自我评价、同行评价、学生评价、专家评价等，以便对教师的智慧教学能力进行全面客观的评价和指导。

在成果内容方面，本项目成果从多个方面进行了尝试、探索和创新。首先，成果分析了当前智慧教学环境建设应用中存在的问题和挑战，提出了针对性的解决方案和建议。其次，成果结合实际案例和经验，展示了智慧教学能力的具体应用和实践效果，为教师提供了可借鉴的经验和方法。最后，成果还从未来发展趋势的角度，提出了对智慧教学能力研究的展望和建议，为未来的研究和实践提供了方向和思路。总之，推进新一代信息技术与教育教学深度融合，增强智慧教学环境建设应用成效，必须不断提升广大高校教师的智慧教学能力。

本项目成果深化和丰富了高校教师智慧教学能力研究，在成果内容上有所创新，为未来的研究和实践提供了有益的借鉴和启示。

8.1.2　成果视角的创新

TPACK 理论，是教育领域中一种重要的理论框架，它为研究高校教师智慧教学能力提供了全新的研究视角和理论突破口。本研究以 TPACK 理论为指导，深化和丰富了高校教师智慧教学能力的研究，不仅提供了新的视角，也为全面提升高校教师智慧教学能力、促进智慧教学目的与智慧教学方式的深度融合提供了有力的理论支撑与实践指导。在新的教育背景下，智慧教学的需求与挑战日益突出，对高校教师的教学能力提出了更高的要求。教师不仅要具备传统的教学能力，还要能够运用新技术、整合新资源，同时考虑学生的学习需求和个性化发展。TPACK 理论的引入，为这一问题的研究提供了全新的视角。

本研究成果以 TPACK 理论为指导，深入分析了智慧教学能力的构成要素，包括教师的信息技术素养、教学理念和方法、教学资源整合和开发能力、教学过程组织和管理能力、对学生学习情况的评估和反馈能力等。这些要素相互关联、相互影响，共同构成了智慧教学能力的整体。同时，本研究成果也提出了一系列评价方法，包括自我评价、同行评价、学生评价、专家评价等，以全面客观地评估教师的智慧教学能力。这些评价方法既可用于教师自我提升，也可用于学校职能部门对教师智慧教学能力的整体评估，具有很强的实用性和指导性。本项目的研究成果还强调了高校教师智慧教学能力在未来发展趋势中的重要性，提出了对教师智慧教学能力研究的展望和建议。通过进一步研究和探索，可以促进高校教师智慧教学能力的全面提升，推动智慧教学目的与智慧教学方式的深度融合，实现教育信息化和现代化的目标。

总之，本项目的研究成果以 TPACK 理论为指导，视角新颖，为全面提升高校教师智慧教学能力、促进智慧教学目的与智慧教学方式的深度融合提供了有力的理论支撑与实践指导。这将有助于推动教育信息化和现代化的进程，培养更多具有创新能力和实践能力的高素质人才。

8.1.3 研究方法的创新

已有的关于教师智慧教学能力提升的研究，大部分都停留在理论描述层面，缺乏实证数据支撑和有效性的验证。这种研究方式难以满足当前教育领域对教师智慧教学能力提升的实际需求。因此，本项目基于实证调查，提出了一系列具有实践可行性和实效性的提升路径，并通过实践推广应用进行检验、修正和丰富。具体来说，我们通过实证调查，收集了大量关于教师智慧教学能力提升的数据，并以此为基础，提出了一系列提升路径。还通过实践推广应用进行了检验、修正和丰富。我们选择了部分高校进行试点，并在实践中不断优化提升路径，使之更加符合实际需求。同时，我们也收集了实践推广应用过程中的反馈数据，及时进行修正和丰富。

此外，这种研究方法还为教师智慧教学能力提升研究提供了新的思路和方法。它不仅有助于解决当前教育领域对教师智慧教学能力提升的实际需求，还有助于推动高等教育改革和发展。因此，我们认为这种研究方法具有很高的推广和应用价值。

8.2 高校教师智慧教学能力提升研究成果的价值

在国家教育政策的推动下，近年来国内高校投入巨资建设以智慧教室为核心的数字化教学环境，积极推行智慧教学，将智慧教学作为推动教学改革、提升教学质量的重要手段。然而，从总体上看，智慧教学并未带来令人激动的应用效果，更未能从根本上改变教育形态。其中的原因颇为复杂，但其中一个重要因素是教师的智慧教学能力未能满足有效开展智慧教学的需要。

本项目基于 TPACK 理论，对高校教师智慧教学能力提升路径进行深入研究和实践。研究成果不仅有助于高校加快培养熟练掌握智能信息技术的新型教师，建设高素质、创新型的教师队伍，实现智慧教学目的与智慧教学方式的深度融合，落实面向核心素养的高等教育课程改革与教育信息化 2.0 行动计划，而且也有利于高校教师适应大数据、人工智能等新技术变革，转变教育观念，提升智慧教学效果。这些改变将真正使高校投入巨资建设的智慧教室、打造的智慧教学环境等发挥出更大的效益。本项目的研究成果达到了较高的理论和实践水平，具有很高的创新性和适用性，可广泛应用于广大高校提升教师教学能力。其推广和应用价值极高，对推动高等教育改革和发展具有深远的影响。

8.3 高校教师智慧教学能力提升实践经验分享

在本部分，我们将以许昌学院为例，详细展示其成功实施智慧教学以及提升教师智慧教学能力的实践策略。通过这些实践策略，我们希望为专家学者、高校管理职能部门以及一线的教师们提供一种可以参考和借鉴的思路，帮助他们更好地理解和实施智慧教学，提升教师的智慧教学能力。

许昌学院在智慧教学的实施过程中，不仅注重硬件设施的建设，如更新和升级教学设施、建立智慧教室等，同时也注重软环境的营造，如建立智慧教学平台、提供教学资源、组织教学研讨和交流等。他们通过这些策略，为教师提供了更多的教学支持和帮助，同时也激发了教师们的教学热情和积极性。除此之外，许昌学院还积极开展智慧教学培训，帮助教师掌握智慧教学的技能和方法。通过系统性的培训，教师们能够更好地利用智慧教学工具和资源，提高教学效果和教学质量。同时，他们还注重对智慧教学理论和实践问题的研究，为智慧教学的推广和应用提供了理论支持和实践经验。

　　我们希望通过分享这些经验，能够为提升高等教育的教学质量，培养出更多高素质的人才贡献力量。我们期望更多的高校能够借鉴许昌学院的实践经验，积极开展智慧教学，提升教师的智慧教学能力，为高等教育的发展贡献力量。同时，我们也期望通过充实关于智慧教学能力提升的理论研究和实证经验，为未来的高等教育改革和发展提供更多的理论支持和实践借鉴。

8.3.1　学校二级院系层面实践尝试

　　研究实施过程中，项目组主动联系许昌学院教育学院和马克思主义学院，在学院层级开展教师智慧教学能力提升实践，先后围绕智慧教学环境下教师的教学观念和技术观念、智慧教室与智慧教学工具的使用、智慧教学技能在学科教学中的运用、智慧教学反思4个主题开展了6场专题讲座和2场实操培训（图8-1）。通过讲座培训，两个学院的教师对智慧教学与一般多媒体教学的区别、智慧教学能力的构成和提升路

图8-1　项目组开展智慧教学讲座培训场景

径、智慧教学能力与学科教学相结合、智慧教学反思总要性和常用方法等内容有了更为深入的理解和认识，教师的智慧教学工具软件操作使用水平有了明显提升。

8.3.2 学校教务处层面的实践经验

高校教师智慧教学能力提升是一个长期性的系统工程，需要高校相关职能部门携手合作，从多个方面共同推进。首先，高校需要加强智慧教学硬件建设，包括更新和升级教学设施、建立智慧教室等，为教师和学生提供更好的教学环境。其次，高校需要营造智慧教学的软环境，包括建立智慧教学平台、提供教学资源、组织教学研讨和交流等，为教师提供更多的教学支持和帮助。此外，高校还需要开展智慧教学培训，帮助教师掌握智慧教学的技能和方法，提高教师的智慧教学能力。同时，高校还需要开展智慧教学项目研究，针对智慧教学的理论和实践问题进行深入的研究和探讨，为智慧教学的推广和应用提供理论支持和实践经验。

这个系统工程需要高校相关职能部门持续发力，不能一蹴而就。需要明确的是，智慧教学不是一个短期行为，而是一个长期的过程。在这个过程中，高校需要保持对教师智慧教学能力的关注和投入，通过多方面的合作和努力，实现教师智慧教学能力的不断提升。同时，也需要积极倾听教师和学生的反馈和建议，不断改进和完善智慧教学的实施方式和方法，以满足不同层次、不同需求的教学参与者的需求。只有这样才能真正实现智慧教学的价值和意义。

（1）组织河南省本科高校智慧教学专项研究项目立项工作

许昌学院 2023 年 4 月份，按照河南省教育厅办公室《关于开展河南省本科高校智慧教学专项研究项目第二期立项工作的通知》（教办高〔2023〕117 号）文件精神，组织开展本科高校智慧教学专项研究项目第二期申报工作，继续坚持开展高校智慧教学研究项目立项工作，具体情况如下（图 8-2）：

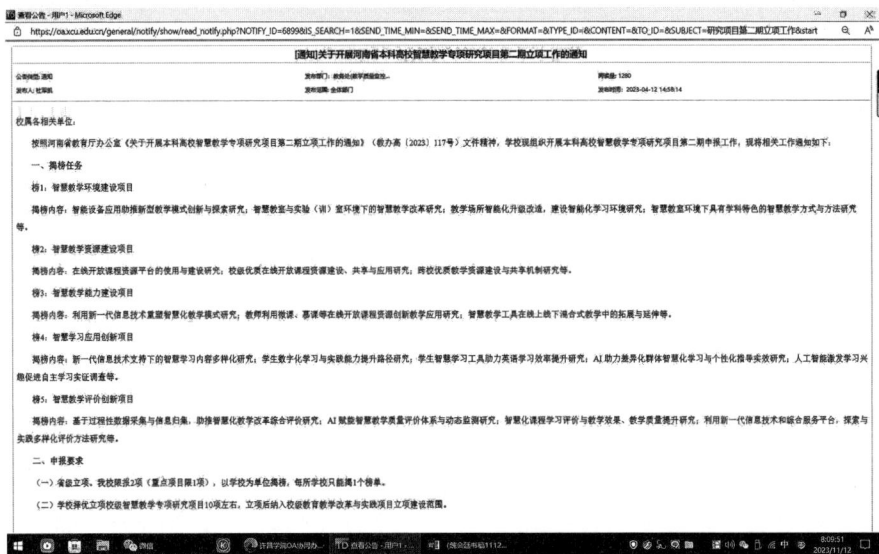

图 8-2　许昌学院开展河南省本科高校智慧教学专项研究项目的通知

①通知名称：《关于开展河南省本科高校智慧教学专项研究项目第二期立项工作的通知》。

②发布单位：教务处（教学质量监控与评估中心）。

③揭榜任务：

榜 1：智慧教学环境建设项目。包括智能设备应用助推新型教学模式创新与探索研究；智慧教室与实验（训）室环境下的智慧教学改革研究；教学场所智能化升级改造，建设智能化学习环境研究；智慧教室环境下具有学科特色的智慧教学方式与方法研究等。

榜 2：智慧教学资源建设项目。包括深入研究在线开放课程资源平台的使用与建设，探索有效利用该平台提供高质量教育资源的方法；研究如何在校级层面建设优质的在线开放课程资源，并促进这些资源的共享和应用；跨校合作，致力于建设和分享高质量的教学资源，探讨建立有效的跨校优质教学资源共享机制；在线开放课程资源平台的研究中考虑使其更加易用、便捷，以及提供个性化学习体验的方法等。

榜3：智慧教学能力建设项目。包括研究如何利用新一代信息技术来重塑智慧化的教学模式，促进教育创新和进步；教师利用微课、慕课等在线开放课程资源进行创新教学应用的研究，探索如何更好地融入这些资源并提高教学效果；在混合式教学中，研究智慧教学工具在线上和线下环境中的拓展与延伸，以提供全面优质的学习体验；考察新一代信息技术在教育领域的最新发展趋势，并探索如何将其运用于智慧化教学模式中，为学生提供个性化、丰富多样的学习机会等。

榜4：智慧学习应用创新项目。包括新一代信息技术支持下的智慧学习内容多样化研究；学生数字化学习与实践能力提升路径研究；学生智慧学习工具助力英语学习效率提升研究；AI助力差异化群体智慧化学习与个性化指导实效研究；人工智能激发学习兴趣促进自主学习实证调查等。

榜5：智慧教学评价创新项目。包括基于过程性数据采集与信息归集，助推智慧化教学改革综合评价研究；AI赋能智慧教学质量评价体系与动态监测研究；智慧化课程学习评价与教学效果、教学质量提升研究；利用新一代信息技术和综合服务平台，探索与实践多样化评价方法研究等。

④申报目的与要求：

A. 学校择优立项校级智慧教学专项研究项目10项左右，立项后纳入校级教育教学改革与实践项目立项建设范围，为我校智慧教学科学发展提供扎实的理论研究，为提升我校教师智慧教学能力实践提供指导。

B. 择优选报2项，作为省级立项，纳入河南省高等教育教学改革研究与实践项目立项建设范围，为我校乃至河南省高校智慧教学发展提供有力支持。

（2）就智慧教室建设工作向学校教务处提交建议书

项目实施过程中，基于对许昌学院智慧教学的观察和调研，结合学校实际，项目组于 2022 年 9 月就许昌学院智慧教学硬件建设和智慧教学软环境营造向学校教务处提出了建议，具体内容见图 8 - 3。学校教务处非常重视项目组提出的建议。在硬件建设上，教务处在 2022 年下半年智慧教室建设方案论证和 2023 年上半年智慧教室建造过程中，吸纳了课题组的建议，不但向教师代表征求了意见，而且组织专业技术人员对智慧教室功能及软硬件配置进行了论证，学校新建的 20 间智慧教

关于优化我校智慧教学环境的建议

尊敬的教务处领导：

您好！近年来在国家相关政策的指引下，全国高校都开始积极建设以智慧教室为典型代表的智慧教学环境，试图通过加持新一代信息技术，变革传统模式，促进教育教学改革，创新人才培养模式。我校 2016 年以来在文科综合楼、A 座教学楼和 B 座教学楼先后建设了 85 间智慧教室，占东区教室总数量的 43.4%，这为我校智慧教学提供了硬件基础。但观察和调研发现，我校智慧教室的功能并未充分发挥出来，部分教师将智慧教室当作普通多媒体教室使用。为了充分发挥智慧教室功能，促进我校智慧教学改革，结合我校实际，本课题组提出以下优化我校智慧教学"硬环境"和"软环境"的建议：

"硬环境"主要指智慧教室建设，建议建造前多征求广大教师意见，组织专业技术人员对智慧教室功能及软硬件配置进行论证，硬件配置要参考国家相关推荐性标准。

"软环境"主要是指智慧教学相关的管理机制、评价标准、规章制度、教学风气、师生关系等。建议重点做好以下工作：第一、改革教学管理机制与评价标准，激发教师智慧教学创新。智慧教学的生命力在于运用智慧教学工具和手段赋能教学创新，没有创新智慧教学终将退化为普通多媒体教学；第二、从教学竞赛、教学质量考评、职称评审等方面入手建立良好的激励机制，为教师提升自身智慧教学能力提供强劲的外部动力；第三、强化教师智慧教学教研活动。真正落实听课评课、教学观摩、集体研讨等教研活动方式，活动落不但要有形式，还要"入脑"；第四、搭建长期智慧教学经验交流平台。通过微信群、QQ 群、公众号等途径搭建长期的智慧教学经验交流平台，方便教师交流经验和寻求帮助。

> 省教改项目"TPACK 视域下高校教师
> 智慧教学能力提升路径研究与实践"课题组
> 2022 年 9 月 25 日

图 8 - 3 项目组向学校教务处提出的建议

室设计更加人性化，更能满足智慧教学改革需求。在智慧教学软环境营造上，教务处表示，将会在新一轮教学管理规章制度修订中吸纳项目组提出的建议，从课堂教学规范、教学质量考评、教学创新大赛、应用型课程建设、教研活动开展、教学交流平台搭建等方面突出对智慧教学的要求，激发广大教师智慧教学实践与创新。

（3）开展河南省"5G＋智慧教育"创新应用试点申报

为深入贯彻中共中央、国务院关于加快 5G 发展、加强教育信息化工作的决策部署，加快推进《5G 应用"扬帆"行动计划（2021—2023年）》实施，促进 5G 与教育融合创新发展，河南省通信管理局、省教育厅联合开展河南省"5G＋智慧教育"创新应用试点项目申报工作。许昌学院在 2022 年 10 月，开展河南省"5G＋智慧教育"创新应用试点申报工作（图 8-4），不断提高智慧教育教学软实力。具体情况如下：

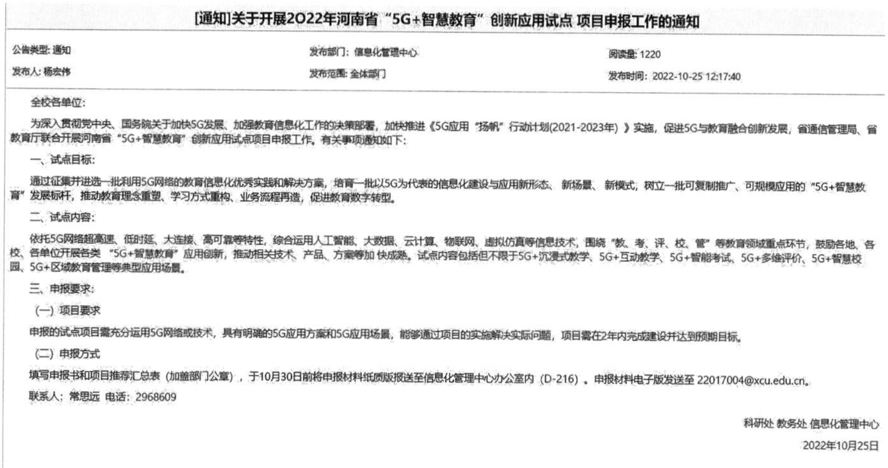

图 8-4　许昌学院开展河南省"5G＋智慧教育"
创新应用试点项目申报工作的通知

①通知名称：《关于开展 2022 年河南省"5G＋智慧教育"创新应用试点项目申报工作的通知》。

②试点目标：通过征集并评选一批利用 5G 网络的教育信息化优秀

实践和解决方案，培育一批以 5G 为代表的信息化建设与应用新形态、新场景、新模式，树立一批可复制推广、可规模应用的"5G＋智慧教育"发展标杆，推动教育理念重塑、学习方式重构、业务流程再造，促进教育数字转型。

③试点内容：借助 5G 网络的超高速、低时延、大连接、高可靠等特性，结合人工智能、大数据、云计算、物联网、虚拟仿真等信息技术，针对教育领域的关键环节（包括"教、考、评、校、管"），鼓励各单位开展各类创新应用，推动相关技术、产品、方案的快速成熟。试点范围涵盖但不限于以下典型应用场景：5G＋沉浸式教学、5G＋互动教学、5G＋智能考试、5G＋多维评价、5G＋智慧校园、5G＋区域教育管理等。这些应用创新将进一步推动教育行业向智慧化迈进，并为学生和教育工作者提供更加丰富和便捷的教育体验。

8.3.3 学校教师中心层面的实践经验

（1）校本培训的开展

校本培训在高校中得到了广泛的开展，以提升高校教师智慧教学能力为目标。这种培训活动的开展，是为了满足高校教师对于智慧教学发展的需求，由学校相关职能部门发起，充分利用校内外的智慧教学设施和资源，组织本校教师参与培训，促进智慧教学的开放性发展。在智慧教学培训的实施过程中，高校具有高度的自主权。在培训人员的选择、需求分析、培训主体与内容、培训专家的遴选、过程的管理与考核等方面，高校可以根据自身实际情况进行决策，具有高度的灵活性和实用性。这样的培训方式，使得高校能够更好地满足自身的智慧教学发展需求，同时也有利于教师的个人成长和教学质量的提升。

值得注意的是，所有的智慧教学培训都需要关注培训的效果。只有有效的智慧教学培训，才能真正提升教师的智慧教学能力，而无效的培训不仅无助于提升教师的能力，还可能打击教师的热情和积极性，甚至引起反感。无效的培训不仅会影响教师对于后续培训的信心和信任，还可能使得后续的培训难以推进。因此，学校在开展智慧教学培训时，需要注重培训效果，确保每一次培训都能够取得实质性的进展。同时，学校也应当与教师保持沟通，了解教师的需求和反馈，不断改进和完善培训方式和方法，以实现真正的智慧教学能力提升。

①校教师中心发布《许昌学院教师教育教学培训工作实施方案（试行）》，加强对教师教学能力的提升培训（图8-5）。

许昌学院文件

院政教〔2022〕14号

校属各单位：

　　《许昌学院教师教育教学培训工作实施方案（试行）》已经学校研究通过，现印发给你们，请遵照执行。

许昌学院

2022年6月21日

图8-5　《许昌学院教师教育培训工作实施方案（试行）》发布通知

许昌学院教师中心近一年来，开展了多次线上和线下的教师教育培训工作（表8-1）。

表 8 - 1　许昌学院 2022—2023 学年教师智慧教学能力培训情况

培训时间	培训内容	培训专家	参培人数
2022 年 7 月 26 日	信息技术赋能教育教学的路径与策略——从资源建设到智慧教学	冯菲（北京大学）	189 人
2022 年 7 月 28 日	美化你的教学 PPT：专项训练指导	邢磊（上海交通大学）	189 人
2022 年 7 月 28 日	线上线下有机结合的混合式课程教学设计	马昱春（清华大学）	189 人
2022 年 10 月 28 日	教法升级——智能时代的课堂教学变革	王竹立（中山大学）	160 人
2022 年 10 月 28 日	课堂再造——智慧教学背景下的课堂教学创新	蒋玉龙（复旦大学）	160 人
2022 年 10 月 29 日	示范引领——一流课程的建设与申报	潘志峰（郑州大学）	160 人
2022 年 10 月 29 日	教学研究——智慧教学背景下的教学研究	邹方东（四川大学）	160 人
2023 年 3 月 25 日	教法升级：课堂教学有效性及其提升策略	王洪才（厦门大学）	70 人
2023 年 3 月 25 日	金课育人：OBE 理念下的课程建设与教学设计实施	李笃峰（西安欧亚学院）	70 人
2023 年 3 月 26 日	规范筑基：课堂教学的规范要求与操作	邢红军（首都师范大学）	70 人
2023 年 6 月 2 日	课堂教学设计与创新策略	梁存良（河南师范大学）	171 人
2023 年 6 月 4 日	混合式课程教学创新设计实践案例	余建波（上海交通大学）	171 人
2023 年 6 月 6 日	如何设计课程教学目标和内容	韩映雄（华东师范大学）	171 人
2023 年 6 月 7 日	面向混合式金课，实践全新的原位翻转课堂教学	蒋玉龙（复旦大学）	171 人

（续）

培训时间	培训内容	培训专家	参培人数
2023 年 6 月 9 日	教法升级：课堂教学有效性及其提升策略	王洪才（厦门大学）	171 人
2023 年 6 月 11 日	高校学生学业指导——如何让你的学生爱上学习	李丹青（浙江大学）	171 人

　　②许昌学院教师中心吸纳了笔者智慧教学能力团队的建议，开展了"高校教师智慧教学应用能力提升高级研修班"（图 8-6），受益教师高达 500 多人。具体情况如图 8-7、图 8-8、图 8-9、图 8-10、图 8-11、图 8-12、图 8-13 所示。

[通知]关于推荐优秀教师参加"高校教师智慧教学应用能力提升高级研修班"的通知

公告类型: 通知	发布部门: 教师中心	阅读量: 1246
发布人: 马琳展	发布范围: 全体部门	发布时间: 2022-10-25 11:18:05

各有关单位:

　　为贯彻落实校党委"能力作风建设年"活动部署，紧紧围绕"大学习、大培训、大练兵、大提升"行动计划，加强对教师教学工作的指导，培养教师的智慧教学应用能力，切实提高我校课堂教学质量和育人水平，教师发展中心拟组织优秀教师参加"高校教师智慧教学应用能力提升高级研修班"，现将有关事宜安排如下:

　　一、培训对象

　　我校有关教学的领导与管理人员，各二级学院有关教学的领导与教师。

　　具体名额见附件一。

　　二、培训时间

　　时间: 2022年10月28日—29日。

　　三、培训专家及内容

　　研修班邀请中山大学王竹立教授、复旦大学蒋玉龙教授、郑州大学潘志峰教授、四川大学邹方东教授共同主讲。通过教法升级--智能时代的课堂教学变革，课堂再造--智慧教学背景下的课堂教学创新，示范引领--一流课程的建设与申报，教学研究--智慧教学背景下的教学研究等四个方面开展专题研讨。

　　四、培训和报名方式

　　此次研修采取线上直播+回放形式，培训费用由教师发展中心承担。

　　请各单位根据名额分配，将报名表电子档和纸质档扫描或拍照后，于10月27日前发送至邮箱: xcxyjsfzzx@xcu.edu.cn。

　　报名表见附件二。

　　五、相关要求

　　1.报名参训的教师应按培训要求完成培训课程。

　　2.教师发展中心将根据参训情况，决定后续培训名额的分配。

　　3.请通知参训老师扫描下方二维码，进群了解具体事宜。

图 8-6　许昌学院推荐教师参加"高校教师智慧教学应用能力提升高级研修班"的通知

图 8-7 许昌学院"高校教师智慧教学应用能力提升高级研修班"特邀专家

图 8-8 许昌学院教师参加智慧教学应用能力线上培训

图 8-9 四川大学邹方东教授的报告：智慧教学背景下的教学资源、策略与学业评价方式

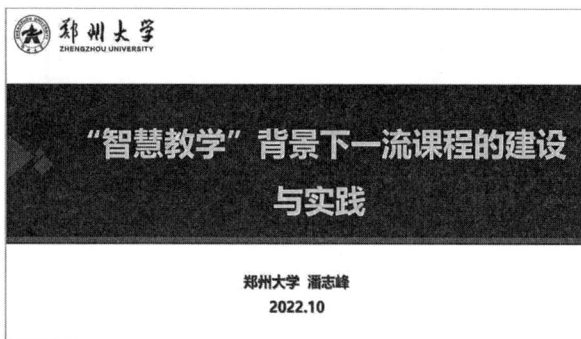

图 8-10 郑州大学潘志峰教授的报告："智慧教学"背景下一流课程的建设与实践

题目：建金课，做金师，教学创新的思考与实践

内容简介：讲座聚焦教学创新，在倡导信息化智慧教学的大背景下结合本人的思考和一线教学实践，以案例形式展示一种智慧建课、用课、管课、可以完全替代传统讲授式教学的新型教学模式，即原位翻转课堂教学。从开课8年的实际效果看，这是一种彻底重构教学流程、以学生为中心、依托先进教育技术、强化互动、以高阶能力培养为目标、具备普遍可行性、符合金课标准的创新型教学。

个人简介：
蒋玉龙，男，博士，复旦大学微电子学院教授，博士生导师，复旦大学卓学计划学者，上海市青年科技启明星，复旦大学教师教学发展中心副主任，IEEE/EDS-CPMT上海联合会会长主席。
1999-2005年在复旦大学相继获得学士、硕士和博士学位。2005年7月起受转于复旦大学微电子学院，从事集成电路先进工艺与器件、功率器件、CMOS图像传感器和柔性电子器件研究。在IEEE EDL等微电子主流期刊上作为第一作者和通讯作者已发表几十篇研究论文；多次担任国际技术研讨会程序委员会共主席和国际固态与集成电路技术大会秘书长、程序委员会共主席。2003年12月在华盛顿曾获得"国际电子电气工程师协会电子器件分会全球研究生奖学金（IEEE/EDS GSF）"。
蒋玉龙教授常年为复旦大学本科生开设专业必修课，是上海市精品课程《半导体物理》（本科，微电子方向）和上海市重点课程《半导体器件原理》（本科）的负责人，是2010年原校教学成果奖一等奖的获得者，是2011年度校青年教师教学比赛一等奖的获得者，是上海市2014、2018年度教学成果奖二等奖的获得者。蒋教授还常年为研究生开设学位基础课《半导体工艺技术》。在信息化教学上，蒋教授设计了（借助在线课程的原位翻转教学法，并从2014年春季学期开始在《半导体物理》《半导体器件原理》（卓越工程师班）和《半导体工艺技术》课程上完整实践了该教学法，取得积极效果。2014年至今，已应邀赴多所院校做过百余场关于在线课程与混合式教学相关的专题报告。2016年7月，获得复旦大学首届教学贡献奖。2018年6月被评为教育部在线教育研究中心"智慧教学之星"。2018年7月，获得复旦大学"十佳教师"称号。2019年9月获得上海市育才奖。2020年11月，《半导体物理和器件原理》课程获评首批国家一流本科线上课程。2021年1月，《半导体器件原理》课程获评上海首批一流本科混合式课程。2021年7月，获得首届全国高校教师教学创新大赛一等奖和教学创新奖。
复旦大学蒋玉龙版权所有/未经授权请勿传播

图 8-11 复旦大学蒋玉龙教授的报告：建金课，做金师，教学创新的思考与实践

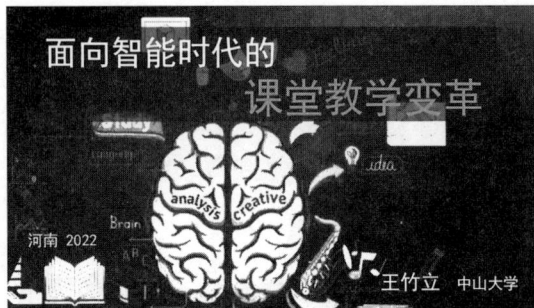

图 8-12　中山大学王竹力教授的报告：面向智能时代的课堂教学变革

图 8-13　许昌学院"高校教师智慧教学应用能力提升高级研修班"部分老师结业证书

（2）相关制度的出台

许昌学院对"双师双能型"教师培养、教师智慧教学能力提升指导等提供机制保障。例如，在 2022 年 8 月 31 日出台《许昌学院"双师双能型"教师认定与管理办法》（院政人〔2022〕19 号）。

许昌学院教师中心加强对新入职教师的岗前培训，把网络课程培训和教育技术培训与辅导作为两个非常重要的模块来展开培训工作，详细文件见附录 3。

鉴于此，笔者认为高校智慧教学培训应该在高校智慧教学的构建要素、高校智慧教学构建要素的关系、智慧教学目标、智慧教学环境、智慧教学方法、智慧教学资源等方面开展培训工作。

许昌学院教师培训工作由学校教师中心负责。项目实施过程中，项目组积极联系学校教师中心，为许昌学院 2022—2023 学年的教师教学能力培训工作提供参考建议，先后参与策划组织教师智慧教学能力相关培训讲座 16 场，参与培训教师 2 400 余人，参培教师智慧教学能力有了明显提升（图 8-14）。

许昌学院文件

院政教〔2022〕13 号

校属各单位：

《许昌学院新入职教师岗前培训工作管理办法（试行）》已经学校研究通过，现印发给你们，请遵照执行。

许昌学院

2022 年 6 月 21 日

图 8-14 《许昌学院新入职教师岗前培训工作管理办法（试行）》发布

项目组还结合智慧教学改革对教师智慧教学能力的新要求，以及许昌学院教师智慧教学能力培训开展情况，从培训内容、培训方式、培训方法和培训管理四方面，向学校教师中心提出了优化许昌学院教师智慧教学能力培训工作的建议（图 8-15）。

第一，培训内容。建议突出智慧教学中教师应该秉持的教育观念和技术观念、智慧教学中学科内容知识的重构、智慧教学中的教学法知识、智慧教学环境下的技术知识等四方面内容。

第二，培训方式。教师智慧教学能力具有极强的学科性，并且受具体教学境脉的影响，不同学科教师的智慧教学能力有很大不同。因此，建议在组织教师智慧教学能力相关培训时，根据培训目的和内容，分学科开展培训。邀请真正的智慧教学名师进行教学示范，分享教学改革经验。

第三，培训方法。建议引入"基于设计的学习"的培训方法，让教师通过小组协作的方式，针对真实的学科教学问题设计技术解决方案，通过"做中学"，在问题解决的实践中体会智慧教学中 TPACK 知识的真谛。需要说明的是，方法关注的重点并不是某种技术的具体应用，而是教师对参与过程的理解、认识和观念，以及教师对学科内容知识、技术知识和教学法知识整体把握状况。

第四，培训管理。建议联合学校相关职能部门，围绕我校智慧教学改革，科学制定智慧教学培训管理办法，对培训进行精细化管理，重视并做好智慧教学培训监督评估、跟踪反馈工作。

教师中心在 2023 年组织的教师智慧教学能力培训中，采纳了项目组提出的建议，对学校教师智慧教学能力培训工作进行了优化。

关于优化我校教师智慧教学能力培训工作的建议

尊敬的教师中心领导：

您好！深入开展智慧教学改革已经成为新时代高等教育教学改革的重要抓手。2021 年 10 月河南省教育厅专门印发《河南省本科高等学校智慧教学三年行动计划》，提出实施"教师智慧素养培训工程"，着力提升高校教师智慧教学能力。结合对我校智慧教学问题的观察和调研，本课题组提出如下优化我校教师智慧教学能力培训工作的建议：

第一、培训内容。建议突出智慧教学中教师应该秉持的教育观念和技术观念、智慧教学中学科内容知识的重构、智慧教学中的教学法知识、智慧教学环境下的技术知识等四方面内容。

第二、培训方式。因为教师智慧教学能力具有极强的学科性，并且受具体教学境脉的影响，不同学科教师的智慧教学能力有很大不同，因此建议在组织教师智慧教学能力相关培训时，根据培训目的和内容，分学科开展培训。邀请真正的智慧教学名师进行教学示范，分享教改经验。

第三、培训方法。建议引入"基于设计的学习"的培训方法，让教师通过小组协作的方式，针对真实的学科教学问题设计技术解决方案，通过"做中学"，在问题解决的实践中体会智慧教学中 TPACK 知识的真谛。需要说明的是方法关注的重点并不是某种技术的具体应用，而是教师对参与过程的理解、认识和观念，以及教师对学科内容知识、技术知识和教学法知识整体把握状况。

第四、培训管理。建议联合学校相关职能部门，围绕我校智慧教学改革，科学制定智慧教学培训管理办法，对培训进行精细化管理，重视并做好智慧教学培训监督评估、跟踪反馈工作。

省教改项目"TPACK 视域下高校教师

智慧教学能力提升路径研究与实践"课题组

2023 年 3 月 15 日

图 8-15　项目组向学校教师中心提出的建议

许昌学院认真调研并制定规范文件，开展对"双师双能型"教师的认定（图8-16），对本校教师智慧教学能力提升有很好的引领作用。在相关机制保障下，许昌学院"双师双能型"教师认定工作持续创新开展，具体情况如下：

许昌学院文件

院政人〔2022〕19号

校属各单位：
　　《许昌学院"双师双能型"教师认定与管理办法》已经学校研究通过，现印发给你们，请遵照执行。

许昌学院
2022年8月31日

图8-16　许昌学院发布"双师双能型"教师认定与管理办法

①通知名称：《开展第十届'双师双能型'教师认定工作的通知》

②认定分类：按照《许昌学院"双师双能型"教师认定与管理办法》，"双师双能型"教师分为"一级双师型教师"和"二级双师型教师"，相应认定条件参照《许昌学院"双师双能型"教师认定与管理办法》执行。原"双师型教师"填写"许昌学院'双师双能型'教师信息登记表"，由院系审核填写内容，经登记后转为"二级双师型教师"并予以换证；满足"一级双师型教师"条件者，可申请参加"一级双师型

教师"认定。

③认证程序：符合"双师双能型教师"认定条件的教师（含兼职教师，下同），向专业所在院系提出申请，填写"许昌学院'双师双能型'教师资格认定申请表"，并提交相应的证明材料，经教学单位初评通过后，报学校评定。学校组织专家，对通过资格审查人员进行评审答辩，确定其是否具备相应"双师双能型"教师素养，通过答辩的人员经公示无异议后，认定其具备相应级别双师型教师资格。答辩时间另行通知。

④《许昌学院"双师双能型教师"教师认定与管理办法》（2022年）见附录2。

8.3.4 学校教育技术虚拟教研室实践

许昌学院实验室与设备管理中心教育技术科，依托本单位的"许昌市数字化学习工程技术研究中心"，成功创建了许昌学院教育技术虚拟教研室，以此开展大规模的数字化学习工作。值得一提的是，"许昌市数字化学习技术创新中心"，原名"许昌市数字化学习工程技术研究中心"，于2019年1月由许昌市科技局批准成立，为许昌学院的数字化学习工作提供了强大的技术支持（图8-17）。这个中心以推广数字化学习为己任，积极进行数字化学习资源的开发，以及教师信息化能力的培训。他们深入研究并实践各种教学方法和技术，以推动教育信息化进程，力争成为教育信息化应用的示范基地（图8-18）。

总的来说，许昌学院教育技术虚拟教研室的建立，以及许昌市数字化学习技术创新中心的成立和运作，都是为了推动数字化学习的发展，提升教师信息化能力。这样的努力无疑将对许昌学院乃至整个许昌市的教育事业产生深远影响，不仅提升了许昌学院的教学质量，也为整个许昌市的教育信息化进程提供了有力的支持。

为推进数字化学习，提高本校教师智慧教学以及学习资源开发能

图 8-17　许昌市数字化学习工程技术研究中心网站

图 8-18　创建"数字化学习与生活"公众号并开展工作

力，许昌学院先后多次开展研讨活动。在 2023 年 11 月 4 日，召开了许昌学院数字化学习研讨会。具体情况如下：

①研讨会名称：技术赋能教育——许昌学院数字化学习研讨会。

②研讨会目的：数字化转型逐渐成为新时代教育变革、高等教育高质量发展的重要驱动力量。为助力高等教育数字化转型，落实河南省教育厅 2023 年教育信息化工作要点，推动数字技术与高等教育深度融合，努力培养更多适应新技术、新业态、新模式的高素质人才，实验室与设备管理中心（许昌市数字化学习工程技术研究中心）特邀请校内职能部门领导与教育技术教师共同参加许昌学院数字化学习研讨会。

③研讨会参会人员：发展规划处处长、高等教育研究所所长吴国玺；教师中心主任刘其涛；课程中心主任闫慧；课程中心副主任白丽芬；实验室与设备管理中心书记侯刚；教育技术虚拟教研室成员刘雪锋、魏会廷、史先红、陈建军、张虎、冯建成、孙旭涛、康乐、邓超、杨浩、孔琰、徐影等。

④研讨会时间和地点：时间为 2023 年 11 月 4 日上午 9 时－11 时；地点为西启智楼 D－208。

⑤研讨会主题和内容：

主题：数字化学习背景下，如何促进我校教师的教和学生的学。

研讨内容：立足许昌学院现状，教育数字化转型我们该怎么实现；如何提升许昌学院教师的数字化教学能力；立足许昌学院实际，如何整合资源更好地支持学生的学习；如何更好地开展许昌学院数字化资源建设。

本次研讨会以"技术赋能教育"为主题，聚焦于数字化学习背景下如何促进教师教学和学生学习的问题，在许昌学院展开了深入的学术交流和思想碰撞。课程中心主任闫慧教授提出了五点建议，就如何实现技术与教学的融合问题进行了探讨。课程中心副主任白利芬指出云教材的建设和运用对于教育数字化的转型和发展具有积极影响。实验室与设备管理中心侯刚则从数字化课程建设的角度提出了建立团队来推动数字化课程的建设。教育技术虚拟教研室成员们分享了个人在数字化学习方面的经验和观点。许昌市数字化学习工程技术研究中心的代表史先红老师提出了个人关于数字化转型和数字化课程资源建设的见解，并展望了数字化学习工程技术研究中心未来的工作思路。在这次研讨会上，各位专家学者对于技术与教育的结合、智慧教育教学和数字化学习的发展方向进行了深入的讨论和交流（图 8-19、图 8-20、图 8-21）。

图 8-19　许昌学院数字化学习研讨会——"技术赋能教育"

图 8-20　课程中心主任闫慧教授在数字化学习研讨会上做主题发言

图 8-21　许昌市数字化学习工程技术研究中心主任刘雪锋做主题发言

8.3.5 学校教师混合式教学模式实践

"线上+线下"混合教学模式是一种创新且高效的教学方式，它巧妙地将在线学习和线下教学相结合，实现了优势互补。这种教学模式将传统课堂教学与在线学习相结合，利用网络和多媒体技术，使得教学资源的共享和交流变得轻松。学生不仅有机会积极参与整个教学过程，还成为学习过程中的重要参与者。教师可以通过在线平台获取学生的学习进度、作业完成情况、互动反馈等信息，以便提供更有针对性的学习指导。此外，教师还可以利用微格教学中心的微格教室进行线下录课，并将这些课程资源上传到在线平台进行展示。这样，学生可以随时随地学习，提高了学习的灵活性和便利性。通过这种方式，教师采用混合授课方式，以全方位、多维度的智慧教学活动方式开展教学活动。这种教学方式涉及课前、课中和课后等各个环节，全面覆盖学生的学习过程，从而提供更优质的教学服务。

①课前准备：在学习通上，发布该英语教师提前录制好的微视频等预习资源，让学生做好预习（图8-22）。

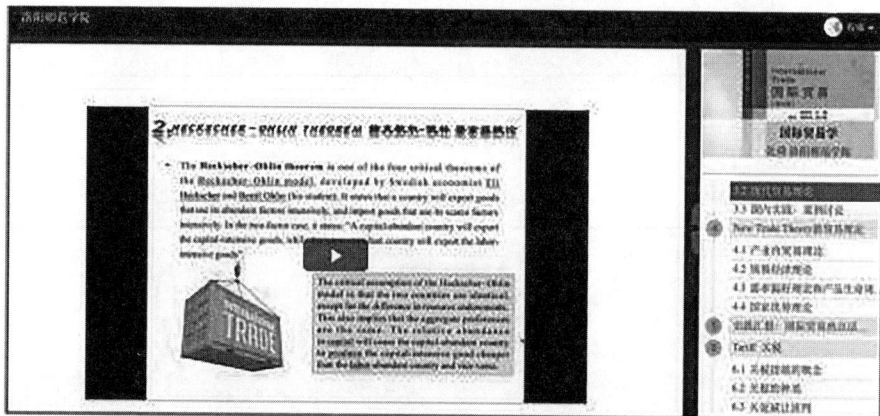

图8-22 课程微课及英文讲解视频案例

②智慧教学课中：组织学生通过学习通进行互评，如图8-23

所示。

学生姓名	学号/工号	学校	院系	专业	行政班级	评分时间	评分	评语	获得积分
赵怡	210714501	洛阳师范学院	外国语学院	英语（学科教师）	2021级英语（学科	2023-10-10 20:20:1	92	视频领读很新颖；设	2
黄佳楷	210714528	洛阳师范学院	外国语学院	英语（学科教师）	2021级英语（学科	2023-10-10 17:42:3	95	优点:1.开头导入有趣	2
王田甜	210714529	洛阳师范学院	外国语学院	英语（学科教师）	2021级英语（学科	2023-10-10 17:46:1	92	优点:ppt很好看，小	2
过合新	210714532	洛阳师范学院	外国语学院	英语（学科教师）	2021级英语（学科	2023-10-10 19:23:3	90	PPT很好看，活动也	2
王如艺	210714533	洛阳师范学院	外国语学院	英语（学科教师）	2021级英语（学科	2023-10-10 17:49:1	93	1.活动很有趣2.情境	2
李少娟	210714535	洛阳师范学院	外国语学院	英语（学科教师）	2021级英语（学科	2023-10-10 17:49:5	95	优点:活动很有趣，丰	2
王鑫	210714538	洛阳师范学院	外国语学院	英语（学科教师）	2021级英语（学科	2023-10-10 19:39:0	91	1.分组很有意思 2.活	2
张芸晴	210714544	洛阳师范学院	外国语学院	英语（学科教师）	2021级英语（学科	2023-10-10 18:17:1	95	课堂气氛很活跃，分	2
宋佳琪	210714546	洛阳师范学院	外国语学院	英语（学科教师）	2021级英语（学科	2023-10-10 17:48:1	98	1.PPT非常有趣2.讲	2
田芝萱	210714547	洛阳师范学院	外国语学院	英语（学科教师）	2021级英语（学科	2023-10-10 17:48:2	91	1.目前感觉最有趣的	2
楚博	210714548	洛阳师范学院	外国语学院	英语（学科教师）	2021级英语（学科	2023-10-10 19:13:0	91	1.活动设计新颖有趣	2
赵喜豪	210714549	洛阳师范学院	外国语学院	英语（学科教师）	2021级英语（学科	2023-10-10 17:26:4	95	优点: 1.教具准备十	2

图8-23　学习通生生互评导出成绩

③课后跟踪：课后跟踪是一项重要的教学环节，它有助于教师了解学生的学习情况，及时发现和解决问题。在学习通平台上，教师可以发布常规课后作业，要求学生完成听写、阅读等任务，并实时跟踪学生的学习进度。此外，教师还可以在"资料"模块上传数字化学习资源，供学生开展研讨与拓展。这些资源不仅有助于学生深入理解课程内容，还能激发他们的学习兴趣和主动性。除了常规作业和数字化学习资源外，教师还可以在线上平台上为学生分配其他任务，如阅读材料、讨论话题等。这些任务有助于学生巩固所学知识，拓宽视野，提高综合素质。同时，教师还可以实时跟踪学生的作品展示（图8-24），了解他们的学习成果和进步情况。教师还可以根据学生的作品展示，及时调整教学策略和方法，以更好地满足学生的需求和期望。总之，课后跟踪是一项必要的教学环节，有助于教师了解学生的学习情况，及时发现问题并调整教学策略。在学习通平台上，教师可以灵活地为学生分配任务和提供学习资源，实时、全程跟踪学生的学习进度和作品展示。这样的教学管理方式能够提高教学质量和效果，促进学生的全面发展。

该教学模式下，教学考核方式非常多元，通过"平时成绩＋期末成

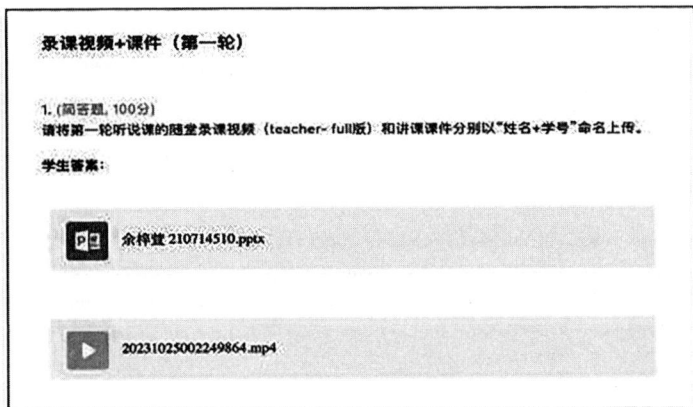

图 8-24　学习课后提交的展示作品

绩"以及"教师评价＋学生评价＋学习通平台评价"等多元评价，力求全面评估学生的实际学习情况。这样的考核方式不仅关注期末考试成绩，也重视平时的课堂表现、学习态度、线上线下各项任务和活动的参与情况。平时成绩的每一项设置，都经过了教师全面的考虑和平衡，以最大程度地反映学生的实际学习情况。此外，教师在教学的过程中也积极推动智慧教学新生态的形成，即移动教学、移动学习、移动评价和移动阅读。这四个"移动"代表了该教师在教学过程中所采用的一系列创新方法，旨在提升教学效果和学生的学习体验感。教师通过移动教学，利用各种教学工具和技术，使教学更加便捷和高效；通过移动学习，学生可以随时随地学习，不受时间和地点的限制；通过移动评价，教师可以实时了解学生的学习情况，提供更具针对性的指导；通过移动阅读，学生可以接触到更多的学习资源，拓宽知识面。

这样的教学方式不仅实现了教学方式的创新，也推动了学生学习方式的转变。教师不仅仅是知识的传授者，而且是学生学习过程中的指导者和推动者。学生不再是被动的知识接受者，而成为主动的学习者，积极参与课堂活动，认真完成各项任务和活动。这样的"线上＋线下"混合教学方式充分利用了现代科技的优势，将传统课堂教学与在线学习完美融合，实现了教学资源的共享和交流的便利性。它不仅增强了学生的学习效果，还为教师提供了更丰富的教学资源和更灵活的教学方式，不仅有助于提升教学效果，也有助于培养学生的自主学习能力和创新精神。因此，该种混合式教学模式为提升教学效果和学生学习体验提供了有力保障，值得我们借鉴使用。

总的来说，"线上＋线下"混合教学模式是一种充分利用现代技术手段提高教学有效性和质量的教学方式，同时也能提高学生的参与度和满意度。它不仅提供了更丰富的教学资源，也使教学更具个性化，为培养高素质人才提供了有力的支持。这种教学模式无疑是未来教学发展的趋势，值得我们进一步探索和实践。

8.4 高校教师智慧教学能力提升研究成果推广应用

8.4.1 该项目研究成果的学术贡献

在项目研究中，我们的团队走过了艰难而充实的旅程。我们不断摸索，克服种种困难，形成了更为丰富的知识体系。每个人都在为项目的成功付出汗水和智慧，共同推进研究的进程。我们精心组织与安排，扎实开展调查与研究工作，主动学习、分工协作，共同取得了阶段性成果。这些成果不仅是我们的荣誉，更是团队的骄傲。这一切的背后，是我们研究团队对教育技术事业的热爱和执着追求，致力于推动高校智慧教育教学的发展，为学校培养更多优秀的人才做出贡献。这是我们团队的骄傲，也是我们为之奋斗的动力源泉。

学术论文和专著不仅可以展示项目研究成果，扩大项目影响范围，提升项目影响力，而且可以提供项目学术交流机会，证明项目研究价值。因此，在项目实施过程中，项目团队非常重视学术论文的撰写发表以及学术专著的出版。围绕本项目，课题组共发表教学改革论文 12 篇，出版学术专著1部，具体情况见表8-2、图8-25。

表8-2　项目团队围绕项目发表的教学改革论文

教学改革论文/专著名称	期刊名称/出版社	发表/出版时间	第一作者
河南省应用型高校智慧教学现状调查与发展对策研究	许昌学院学报（中国人文社科学报核心期刊）	2022年4月	魏会廷
TPACK视域下高校教师智慧教学能力构成探究	中国信息技术教育	2023年9月	魏会廷
高等教育人才培养背景下智慧教学体系构建研究	公关世界	2023年8月	魏会廷
智慧教学背景下高校教师TPACK发展策略研究	中国信息技术教育	2023年3月	冯建成
TPACK视域下高校师范专业教师信息化教学能力培育研究	郑州师范教育	2022年12月	陈永光
"为美国而教"项目：美国贫困地区优秀教师培养的非营利组织模式	许昌学院学报	2022年5月	徐来群
应用型大学数字化学习型实验室建设研究	许昌学院学报	2022年9月	史先红
新时代社会治理视域下社区文化建设的路径	周口师范学院学报	2022年11月	陈永光
应用型高校实验室文化建设发展策略研究	中国教育技术装备	2023年5月	寇琼洁
Optical hybrid network structure based on cloud computing and big data technology	*Journal of Sensors*	2022年8月	魏会廷
Solar heat collection photoelectric tracking servo drive system based on cloud computing	*Thermal Science*	2023年4月	魏会廷
Mobile learning strategy based on principal component analysis	*International Journal of Information Systems in the Service Sector*	2022年3月	寇琼洁
美国实践取向的教师教育模式与运行成效研究	郑州大学出版社	2022年3月	徐来群

另外，项目团队成员围绕本项目还主持或参与完成了纵向、横向课

图 8-25　部分已发表学术论文

题 9 项，获得各级奖励 8 项，申请软件著作权 2 项，具体情况见表 8-3、图 8-26。

表 8-3　项目团队成员主持或参与的项目、获奖或软件著作权

名称	来源或奖项	时间	主持或参与情况
基于教育关键事件的中小学教师专业发展策略研究	河南省教师教育课程改革研究项目	2022 年 12 月	魏会廷（参与）
高等教育高质量发展视域下高校教师智慧教学能力培养策略研究	河南省高等学校重点科研软科学项目	2022 年 9 月	魏会廷（主持）
美国实践取向的教师教育模式与运行成效研究	教育部人文社会科学研究规划基金项目	2023 年 9 月	徐来群（主持）
师范类专业认证背景下循证取向的教师教育实践教学模式研究	河南省教师教育课程改革研究项目	2022 年 12 月	徐来群（参与）
TPACK 研究成果在《现代教育技术》实践教学中的应用研究	许昌学院科研反哺教学研究项目	2023 年 2 月	冯建成（主持）
智慧教学工具支撑下的课堂互动研究	许昌学院教研项目	2021 年 11 月	冯建成（主持）
移动学习视域下教师继续教育教学模式研究	许昌学院继续教育教学研究项目	2022 年 6 月	寇琼洁（主持）

（续）

名称	来源或奖项	时间	主持或参与情况
网络舆情视域下我国主流意识形态建设研究	河南省教育厅人文社科项目	2022 年 4 月	滕卫双（主持）
企业业财一体化预算管理系统	许昌学院横向课题	2023 年 6 月	魏会廷（主持）
转型发展背景下高校教师 PPT 课件优化能力的提升——基于视觉思维的视角	河南省教育厅教育信息化优秀成果二等奖	2022 年 7 月	魏会廷（主持）
Optical hybrid network structure based on cloud computing and big data technology	河南省教育厅科技论文一等奖	2023 年 6 月	魏会廷（主持）
高等教育人才培养背景下智慧教学体系构建研究	河南省教育技术年会优秀论文三等奖	2022 年 11 月	魏会廷（主持）
欧美普通高校学分互认和转换研究	河南省高校哲学社会科学优秀成果三等奖	2022 年 6 月	徐来群（主持）
高校智慧教室深度应用阻滞因素与突破路径研究	许昌市哲学社会科学优秀科研成果二等奖	2023 年 4 月	冯建成（主持）
基于创客教育理念的青少年科技活动设计与实践研究	许昌市哲学社会科学优秀成果二等奖	2022 年 4 月	孙旭涛（主持）
社会力量参与许昌市公共阅读空间建设路径研究	许昌市哲学社会科学优秀成果二等奖	2022 年 4 月	孙旭涛（参与）
打赢这场仗	河南高校优秀新闻作品一等奖	2022 年 7 月	孙旭涛（主持）
智慧教室设备远程监控软件	计算机软件著作权	2022 年 4 月	冯建成（主持）
智慧教室物联网支撑服务系统	计算机软件著作权	2022 年 4 月	冯建成（主持）

图 8－26　部分项目结项证书

8.4.2 省内兄弟高校推广应用案例

研究成果在兄弟高校推广应用的意义非常重大。首先，它可以促进学校之间的学术交流与合作，推动学科和教育改革的发展，提高我们的学术影响力。其次，研究成果的应用还能直接推动人才培养质量的提升，通过实践检验我们的成果，有利于我们修正和完善研究，为后续持续和更加深入研究带来帮助。再次，研究成果在兄弟高校的成功推广和运用，不仅可以验证其价值和有效性，而且还能促进科研成果的转化，实现科研与实际应用的结合，进一步推动教育教学的改革和创新。最后，这种推广应用还将为我们提供更多的机会和资源，以便我们与更多的同行和研究机构进行交流和合作。

因此，我们的项目团队一直非常注重研究成果的推广和运用。目前，我们的研究成果已经在河南城建学院、洛阳师范学院、周口师范学院等兄弟高校得到了推广应用（图8-27），并且都取得了良好的效果，受到了广泛的好评。直接受益的教师达到了344人，受益的学生达到了7 490人。这一系列的推广应用成果，不仅证明了研究成果的价值和有效性，也为我们后续的研究工作提供了宝贵的经验和借鉴。

（1）河南城建学院的推广应用情况

许昌学院"TPACK视域下高校教师智慧教学能力提升路径"应用成果，是以TPACK理论为依据，在分析高校教师智慧教学能力的结构及关键要素，构建高校教师智慧教学能力评价指标体系的基础上，调查分析了高校教师智慧教学能力状况及制约因素，进而提出了高校教师智慧教学能力的提升路径，具有显著的借鉴应用价值。河南城建学院生命科学与工程学院在开展教师提升教师智慧教学能力工作中借鉴应用了该项目研究成果。通过借鉴应用，学院50余名教师深化了对智慧教学的认识，更新了智慧教学观念，提升了智慧教学设计与实施能力，近900名在校生从中受益。该项目成果应用效果良好，对我校加快培养熟练应

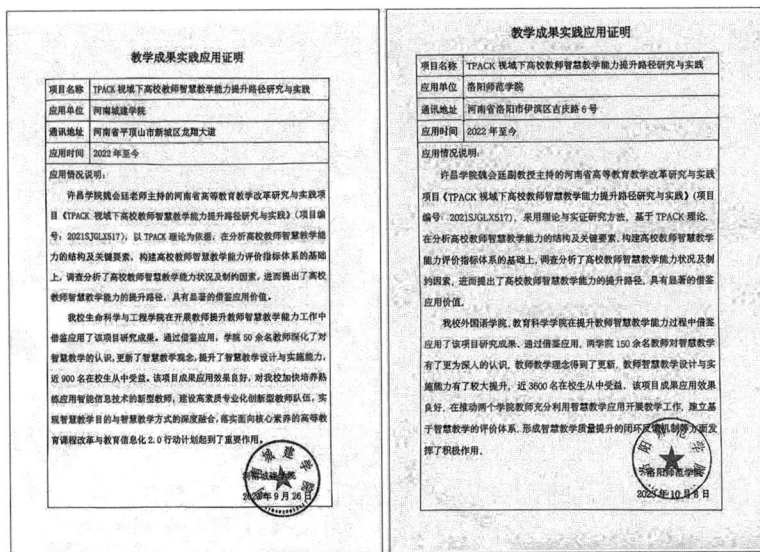

图 8-27 部分兄弟院校成果应用证明

用智能信息技术的新型教师，建设高素质专业化创新型教师队伍，实现智慧教学目的与智慧教学方式的深度融合，落实面向核心素养的高等教育课程改革与教育信息化2.0行动计划起到了重要作用。

（2）洛阳师范学院的推广应用情况

河南省高等教育教学改革研究与实践项目"TPACK视域下高校教师智慧教学能力提升路径研究与实践"应用成果，采用理论与实证研究方法，基于TPACK理论，在分析高校教师智慧教学能力的结构及关键要素，构建高校教师智慧教学能力评价指标体系的基础上，调查分析了高校教师智慧教学能力状况及制约因素，进而提出了高校教师智慧教学能力的提升路径，具有显著的借鉴应用价值。洛阳师范学院外国语学院、教育科学学院在提升教师智慧教学能力过程中借鉴应用了该项目研究成果。通过借鉴应用，两学院150余名教师对智慧教学有了更为深入的认识，教师教学理念得到了更新，教师智慧教学设计与实施能力有了较大提升，近3 600名在校生从中受益。该项目成果应用效果良好，在推动两个学院教师充分利用智慧教学应用开展教学工作，建立基于智慧教学的评价体系，形成智慧教学质量提升的闭环反馈机制等方面发挥了积极作用。

8.4.3　与校外专家学者开展学术交流

专家学者之间的学术交流，无论是对个人还是对学术界，都具有深远的意义。就本项目的具体情况而言，学术交流能够促进高校教师的学术进步，推动智慧教学的发展，提高教师智慧教学的理论水平和实践能力。它还能加强学校之间的学术合作与交流，增强社会影响力，帮助高校教师了解智慧教育教学的最新进展，掌握教育教学改革的发展趋势。此外，在学术交流中，我们也可以展示自己在智慧教育教学的成果和学术观点，提升自己在学术界的地位和影响力。因此，我们应该积极参与学术交流，抓住每一个可以学习和交流的机会，以此来推动智慧教育教学的进步。

（1）与兄弟院校专家开展线上学术研究与探讨

2021 年 8 月河南省教育厅印发《河南省本科高等学校智慧教学三年行动计划》后，提升高校教师智慧教学能力很快成为省内高等教育研究与实践关注的重要问题。2022 年 11 月，由河南城建学院、许昌学院、周口师范学院组建"河南省高等教育教学改革研究与实践项目"的教研团队，以高校教师智慧教学能力提升为主题，开展了线上校际学术交流活动，深入分析河南省高校智慧教学现状，共谋高校教师智慧教学能力提升（图 8-28）。交流会上，笔者作为项目主持人介绍了省级教改项目"TPACK 视域下高校教师智慧教学能力提升路径研究与实践"的研究开展情况和取得的阶段性成果。

（2）参加河南省教育技术学术年会学习交流

为了积极推动河南教育数字化转型，探索数字化赋能教育的新思路和新举措，加快构建更加公平、更高质量的教育体系，河南省教育学会教育技术专业委员会决定在 2022 年 11 月 26 日以在线形式召开第十一

图 8-28　同行交流活动被媒体报道

届学术年会。此次会议由河南大学教育学部、河南省教育信息化发展研究中心承办，《数字教育》杂志社协办。本届年会的主题是"数字化转型背景下的教育高质量发展"，会议邀请了国内教育技术知名专家进行专题报告，分享最新的研究成果和实践进展。河南大学副校长孙君健、河南省教育学会副会长成光琳、河南省教育学会教育技术专业委员会理事长汪基德等重要领导也发表了重要讲话。

　　在本次会议中，笔者积极参与，认真听取了专家报告，深受启发；同时，提交了个人研究成果《高等教育人才培养背景下智慧教学体系构建研究》，并获得了优秀论文三等奖（图 8-29）。这让笔者更加坚信数字化转型对于教育高质量发展的重要性，对自己的研究工作充满了信心。

图 8 - 29　河南省第十一届教育技术学术年会优秀论文三等奖

在河南省第十一届教育技术学术年会上，与会专家深入探讨了智能技术驱动的教育数字化转型以及教育数字化转型助推教学创新两个专题，对进一步开展智慧教育教学研究和实践具有很强的启发作用。在智能技术驱动的教育数字化转型专题中，郑州大学的马婧副教授、河南大学的贾同博士、河南师范大学的胡金艳博士、洛阳师范学院的白文昊博士分别做了专题报告。他们围绕虚拟现实环境下的学习投入模型、教育数字化转型机制的创新路径与机制、复杂性科学视角下知识建构社区中观点涌现的机理、区块链赋能高校教师教学评价的改革等问题进行了深入探讨。这些报告为我们在数字化转型过程中如何利用智能技术提供了新的思路和方法。在教育数字化转型助推教学创新专题中，河南大学的兰国帅副教授、南阳师范学院的林青松副教授、郑州师范学院的沈俊汝博士、河南大学的陈新亚博士、洛阳市第五十六中学的刘振红老师等专家学者围绕数字化转型中教育信息技术政策和总体规划的理念、框架、原则和路径，后疫情时代下线上线下同步融合教学实践与探索，县级教育信息化发展水平监测与评估，基于论证图的在线辩论活动对大学生批判性思维的影响，问卷星助力教与学等问题进行了交流和讨论。这些讨论为我们更好地利用数字化转型推动教学创新提供了有益的思路和方法。

　　总的来说，这次专题报告为我们提供了很多有价值的思考和启示，为进一步开展智慧教育教学研究和实践奠定了坚实的基础。笔者相信，通过这次会议，我们能够更好地理解数字化转型在教育领域的应用和发展趋势，也能够更好地推动河南教育数字化转型的进程。笔者期待着未来能够有更多的机会参与这样的学术交流活动，与更多的专家学者共同探讨教育数字化转型的问题，为河南教育事业的发展贡献自己的力量。专题报告具体情况如表8-4所示。

表8-4　河南省第十一届教育技术学术年会专题报告（2022年11月26日）

时间	题目	报告人	主持人
9：00—10：00	构建教学数字化服务体系赋能学生学习方式变革	郭绍青 西北师范大学	汪基德 河南大学
10：00—11：00	数智化赋能教育高质量发展	胡小勇 华南师范大学	蔡建东 河南大学
11：00—12：00	以实践共同体推动区域信息化教学深度变革的中国路径探索	梁林梅 河南大学	朱珂 河南师范大学
14：30—14：50	虚拟现实环境下多维学习投入模型构建研究	马婧 郑州大学	李正超 郑州师范学院
14：50—15：10	知识建构社区中观点涌现的机理研究：复杂性科学的视角	胡金艳 河南师范大学	李正超 郑州师范学院
15：10—15：30	教育数字化转型的创新路径与机制	贾同 河南大学	刘萱 信阳师范学院
15：30—15：50	区块链赋能高校教师教学评价改革研究	白文昊 洛阳师范学院	

（续）

时间	题目	报告人	主持人
14：30—14：50	指向数字化转型的教育信息技术政策和总体规划制定：理念、框架、原则和路径	兰国帅 河南大学	梁云真 河南师范大学
14：50—15：10	后疫情时代下线上线下同步融合教学实践与探索	林青松 南阳师范学院	
15：10—15：30	县级教育信息化发展水平监测与评估	沈俊汝 郑州师范学院	
15：30—15：50	基于论证图的在线辩论活动对大学生批判性思维影响的研究	陈新亚 河南大学	汪向征 安阳师范学院
15：50—16：10	巧用问卷星，助力教与学	刘振红 洛阳市第五十六中	

8.4.4 借媒体宣传报道提升影响与价值

通过有效的媒体宣传报道，我们可以显著提高成果的知名度和影响力，增强用户的信任感，激发他们的兴趣和需求，从而推动成果的应用和交流，进一步促进成果的推广和发展。宣传报道还可以将项目成果的信息传播到更广泛的人群中，使项目价值最大化。通过媒体的传播，公众可以了解到项目的背景、方法、结果和价值，从而增加对成果的信任感和认可度。此外，官方媒体通常会提供详尽的信息，包括研究成果的细节、过程和结果，这些信息有助于公众和行业专家对成果的真实性和有效性进行判断。这种透明度和准确性有助于提高公众对成果的信任感，增强行业专家和研究机构对项目合作的意愿。

在过去的项目实施过程中，我们已经看到了媒体宣传报道的积极效果。例如，"学习强国"、中国教育在线、《中国教育报》等 9 家媒体对项目活动及进展进行了宣传报道。这些报道不仅提高了成果的知名度，也吸引了更多的关注者和潜在合作伙伴。因此，有效的媒体宣传报道对于项目的成功推广和发展至关重要。它不仅有助于扩大成果的影响力，还能促进行业专家和研究机构的交流和合作。未来，我们将继续利用媒体的力量，通过各种渠道和方式进行宣传报道，推动项目成果的应用和交流，进一步促进成果的推广和发展。媒体宣传报道具体情况见表8-5。

表8-5　媒体对项目相关活动的报道

新闻内容	报道媒体	报道时间
河南许昌："云端"学术交流 助力智慧教学	学习强国	2022年12月3日
聚焦智慧课堂教学，研讨教师能力提升	学习强国	2023年3月26日
聚焦文科智慧课堂教学，共研智慧教学能力提升：许昌学院组织开展专题研讨活动	中国教育在线	2023年3月23日
"云端"学术交流 助力智慧教学（图8-30）	许昌晨报	2022年12月2日
聚焦智慧课堂教学 共研教师能力提升（图8-31）	许昌晨报	2023年3月24日
《许昌零距离》对团队成员滕卫双的采访报道（图8-32）	许昌广播电视台	2022年10月18日
"云交流"赋能智慧教学（图8-33）	平顶山广电融媒	2022年12月2日
"云交流"赋能智慧教学 助力高校教师能力提升（图8-34）	中国新闻网	2022年12月2日
给思政课插上"数字"翅膀（图8-35）	中国教育报	2022年9月5日
许昌学院：数字化赋能"大思政课"（图8-36）	河南教育宣传网	2022年7月15日
河南许昌："云端"学术交流 赋能智慧教学（图8-37）	学习强国	2022年12月3日

图8-30　许昌晨报对"云端"学术交流活动进行报道

图 8-31　许昌晨报对文科教师智慧教学能力提升研讨会进行报道

图 8-32　《许昌零距离》对智慧教学研究团队成员滕卫双进行采访报道

"云交流"赋能智慧教学

平顶山广电融媒
今天16:06

近日，由河南城建学院、许昌学院、周口师范学院 承担"河南省高等教育教学改革研究与实践项目"的教研团队，以"高校教师智慧教学能力提升"为主题，开展了线上校际学术交流活动，深入分析河南省高校智慧教学现状，共谋高校教师智慧教学能力提升。

交流活动中，第三届河南省本科高校课堂教学创新大赛一等奖获得者、河南城建学院朱涛副教授，结合其主持的省级教改项目《智慧教育时代应用型高校教师智慧教学能力内涵、评价及提升路径的研究》进行了发言。她说："智慧教学以教育理念创新为先导，以教学模式和学习方式改革为重点，持续推进新一代信息技术和教育教学的深度融合创新，在高校人才培养过程中发挥重要作用，为加快推进河南省高等教育现代化提供了强力支撑。"

许昌学院副教授会廷结合其主持的省级教改项目《TPACK视域下高校教师智慧教学能力提升路径研究与实践》提出"除了做好智慧教学技能培训和应用示范外，要格外重视广大教师教育观念的更新"。周口师范学院教授陈永光也就高等教育发展数字化转型发展的大形势进行了交流发言。此次活动，为三校教师搭建了交流的平台，为我省高校智慧教学发展助力。

(本台记者 编辑：王晨燕)

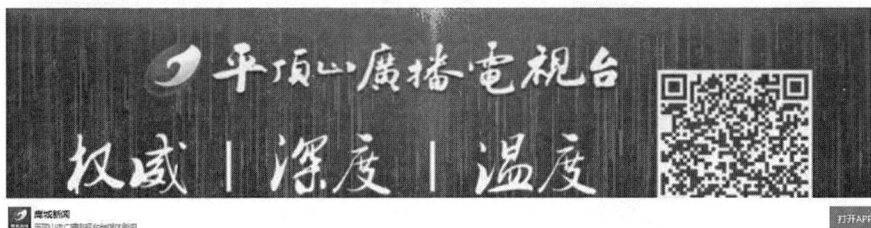

图 8-33　平顶山广电融媒对线上校际学术交流活动进行报道

图 8-34　中国新闻网对线上校际学术交流活动进行报道

图 8-35　中国教育报对"网络思政教育"进行宣传报道

图 8-36　河南教育宣传网对"数字化赋能大思政课"进行宣传报道

河南许昌："云端"学术交流 助力智慧教学

地方平台发布内容

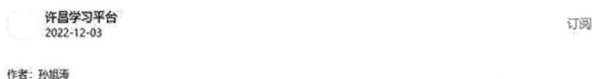

许昌学习平台
2022-12-03

订阅

作者：孙姐涛

2022年12月1日从河南省许昌学院传来消息，近日，由许昌学院、河南城建学院、周口师范学院教师组成的"河南省高等教育教学改革研究与实践项目"科研团队，以"高校教师智慧教学能力提升"为主题，召开了线上校际学术交流活动，深入分析河南省高校智慧教学现状，共谋高校教师智慧教学能力提升。

交流活动中，许昌学院副教授、许昌市优秀社科专家、教育信息化专家魏会廷，结合其主持的河南省教改项目"TPACK 视域下高校教师智慧教学能力提升路径研究与实践"进行了发言。TPACK，即整合技术的学科教学知识。教改项目"TPACK 视域下高校教师智慧教学能力提升路径研究与实践"的实施，有利于高校教师适应大数据、人工智能等新技术变革，转变教育观念，提升个人教学智慧和智慧教学效果。

"2021年7月，河南省教育厅就印发了《河南省本科高等学校智慧教学三年行动计划》，对我省高校智慧教学发展作了详细规划。"魏会廷介绍，高校在落实行动计划的过程中，除做好智慧教学技能培训和应用示范外，还要格外重视广大教师教育观念的更新，否则新一代信息技术只会沦为强化落后教育观念的工具，通过智慧教学革新传统教学会最终变成空谈。

活动中，河南城建学院、周口师范学院的教师代表也进行了发言。此次活动，为三校教师搭建了交流的平台。与会人员纷纷发表真知灼见，为河南省高校智慧教学发展助力。

（原载于2022年12月2日《许昌晨报》7版）

来源：许昌晨报
作者单位：许昌学院
责任编辑：赵炳刚 代玺 李启松

图 8 - 37   "学习强国"平台对智慧教学相关活动进行宣传报道

研究总结与展望

　　智慧教学的目的是借助新一代信息技术，如人工智能、大数据、云计算和移动互联网等，对传统教学进行革新，对于提高教学质量和效率、培养创新人才以及推动教育理论发展具有深远的意义和巨大的价值。通过智慧教学，高校教师可以更深入地理解学生的学习状态和需求，为他们提供更个性化和精准的教学指导和资源，从而提升教学质量和效率。学生则可以通过智慧教学方式，自主选择适合自己的学习内容和方式，更好地发挥个人兴趣和独特性，从而更有利于培养创新人才。智慧教学改革使学生从"被动学习"转变为"主动学习"，充分尊重每个学生的个体差异，允许他们按照自己的方式和节奏发展和成长。智慧教育教学采用了不同的教育方法和评估标准，进一步推动了教育理论的发展。然而，实现上述价值功能的前提是不断提升广大教师的智慧教学能力。

　　本研究立足高校智慧教学改革大背景，基于国内外普遍认可的用以分析信息化环境下教师教学能力结构的 TPACK 理论，探寻高校教师智慧教学能力提升路径。首先，根据智慧教学在目标取向、教学理念、教学方式、教师职责、教学技术应用、教学空间布置等方面的发展要求，对教师智慧教学能力进行界定，将教师智慧教学能力分为五个维度十二个方面。其次，在全面阐释 TPACK 的内涵、特征，以及 TPACK 理论对高校智慧教学的价值的基础上，对高校教师智慧教学能力结构进行了分析。再次，采用德尔菲法和层次分析法，构建了高校教师智慧教学能力评价指标体系，并确定指标体系权重。最后，根据高校教师智慧教学能力状况实证调查结果，提出了高校教师智慧教学能力提升的实践路径。本研究认为提升高校教师智慧教学能力，在方向和策略上要明晰高校智慧教学的理论实践模块、智慧教学能力培养和交流活动、智慧教学支持环境和激励机制，以及智慧教学的跟踪、评估、激励；在实践路径上，要以转变教师教学观念和技术观念为前提，以优化教师专业知识结构为基础，以抓好智慧教学能力培训为重点，以开展智慧教学实践反思为关键，以良好的智慧教学"硬环境"和"软环境"为保障。此外，本研究还以许昌学院为对象，从学校二级学院、职能部门和教育技术虚拟教研室多个层面开展高校教师智慧教学能力提升实践行动，并将研究成果推广到省内三所兄弟院校。

新时代的高校智慧教学不仅被视为提高教育质量的必要手段，也被赋予了更高的价值期望和更多的教育使命。在智慧教学的推进过程中，高校不仅需要关注智慧教学设施的建设装配，还需要关注智慧教室、智慧教学软件的应用。但智慧教学不仅仅是技术的革新，更是教育理念和教学方法的转变，为此高校应鼓励教师积极探索和实践新的教学方法和手段，需要重视并提升广大教师的智慧教学能力。高校必须认识到，先进的智慧教学装备和技术手段只有经过广大教师积极主动的有效应用，才能真正发挥其教学价值。

高校应该与企业、研究机构等进行合作，共同推动智慧教学的发展。通过合作，高校可以获得更多的教学资源和技术支持，同时也可以了解最新的智慧教学理念和方法。这些合作不仅可以促进高校的教学改革，还可以为教师提供更多的实践机会，帮助他们更好地掌握智慧教学的技能。高校还可以借助社会力量，争取更多的资源支持。这包括争取更多的资金支持、技术援助、人力资源等。这些资源的支持可以帮助高校建立更加完善的教学设施和环境，为教师提供更好的教学条件和环境。同时，这些资源的支持也可以为教师提供更多的学习和培训机会，帮助他们更好地掌握智慧教学的技能。除此之外，高校还应该积极争取学生的参与和支持。学生是高校教育的重要参与者，他们的反馈和建议可以为教师智慧教学能力的提升提供重要的参考。高校可以通过开展学生座谈会、问卷调查等方式，了解学生的需求和期望，并根据这些反馈进行调整、改进和优化。

　　总之，提升教师智慧教学能力是一项长期而复杂的任务，需要我们不断地探索和实践。在这个过程中，我们需要争取多方面的支持和参与，包括企业、研究机构、社会力量和学生等。通过这些措施的落实和实施，我们可以为高校教师提供更好的教学条件和环境，推动智慧教学的快速发展。

参 考 文 献

安国勇，赵翔．"双一流"建设背景下拔尖创新人才培养问题研究［J］．河南大学学报（社会科学版），2022，62（1）：117-125.

蔡宝来．教育信息化2.0时代的智慧教学：理念、特质及模式［J］．中国教育学刊，2019（11）：56-61.

蔡宝来．教育信息化2.0时代的智慧教学：理念、特质及模式［J］．中国教育学刊，2019（11）：56-61.

曹培杰．智慧教育：人工智能时代的教育变革［J］．教育研究，2018（8）：121-128.

陈琳，陈耀华，李康康，等．智慧教育核心的智慧型课程开发［J］．现代远程教育研究，2016（1）：33-40.

陈向明，等．搭建实践与理论的桥梁：教师实践性知识研究［M］．北京：教育科学出版社，2011：148-149.

陈一明．"互联网＋"时代课程教学环境与教学模式研究［J］．西南师范大学学报（自然科学版），2016，41（3）：228-232.

陈佑清．有效教学［M］．北京：高等教育出版社，2016：226.

邓雪，李家铭，曾浩健，等．层次分析法权重计算方法分析及其应用研究［J］．数学的实践与认识，2012，42（7）：93-100.

杜慧婕．中学音乐智慧教学评价体系的构建研究［D］．西安：西安音乐学院，2021：11-12.

范跃进，刘恩贤．以习近平高等教育思想为指导扎实办好中国特色社会主义［J］．中国高教研究，2018（1）：10-15.

冯斌．基于翻转课堂的高校线上线下混合学习模式研究［J］．中国成人教育，2021（11）：44-47.

冯永华．教育信息化促进教学方式变革［J］．教育研究，2017，38（3）：115-117.

管玉琪，陈渠，楼一丹，等．智慧教室环境下的课堂教学结构分析［J］．电化教育研究，2019（3）：75-82．

郭炯，郝建江．智能时代的教师角色定位及素养框架［J］．中国电化教育，2021（6）：121-127．

何克抗．TPACK：美国"信息技术与课程整合"途径与方法研究的新发展（下）［J］．电化教育研究，2012，33（6）：47-56．

何克抗．正确理解"中小学教师教育技术能力培训"的目的、意义及内涵［J］．中国电化教育，2006（11）：20-21．

胡小勇，刘怡．"互联网＋"时代的智慧教学前沿：趋势和案例［J］．教育信息技术，2018（4）：53．

康云菲，刘宝存．时代变局下全球高等教育的重塑与发展：基于第三届世界高等教育大会文件的分析［J］．中国电化教育，2022（9）：43-51．

李金曼．现代教育技术专业硕士研究生融合型培养模式构建研究［J］．九江职业技术学院学报，2022（1）：79-82．

李丽娟，郑晓丹．基于智慧课堂的学生高级思维能力发展策略研究［J］．数字教育，2015（4）：40-48．

刘露．信息化环境下小学智慧教学样态研究［D］．长春：东北师范大学，2019．

刘艳丽．后疫情时代高校教师智慧教学能力提升：困境与路径［J］．中国信息技术教育，2022（17）：97-99．

马青，朱征宇．高职院校智慧教学体系研究与构建［J］．职业技术，2021，20（8）：37-42．

马秀麟．信息化时代教师的专业发展［M］．北京：北京师范大学出版社，2017：11．

倪蕊．基于"互联网＋"的以学生为中心的信息化教学设计［J］．科技风，2022（8）：100-102．

全美教师教育学院协会创新与技术委员会．整合技术的学科教学知识：教育者手册［M］．任友群，詹艺，译．北京：教育科学出版社，2011：3-33．

孙聘．中小学智慧教学评价指标体系构建的研究［D］．长春：东北师范大学，2018．

孙曙辉，刘邦奇，李新义．大数据时代智慧课堂的构建与应用［J］．中国信息技术教育，2015（Z1）：112-114．

孙曙辉，刘邦奇．基于动态学习数据分析的智慧课堂模式［J］．中国教育信息化，

2015（22）：21-24.

王春枝，斯琴．德尔菲法中的数据统计处理方法及其应用研究［J］．内蒙古财经学院学报（综合版），2011，9（4）：92-96.

王济军．智慧教育引领教育的创新与变革［J］．现代教育技术，2015，25（5）：53-58.

王鹤，杨倬．基于云课堂的混合式教学模式设计：以华师云课堂为例［J］．中国电化研究，2017（4）：85-102.

王烨，李亚宁．以提高学习成效为目标的重开课教学改革与实践［J］．高等建筑教育，2022，31（2）：119-126.

王月．智慧课堂中探究式教学的进阶设计研究［D］．曲阜：曲阜师范大学，2019.

魏会廷，冯建成．TPACK视域下高校教师智慧教学能力构成探究［J］．中国信息技术教育，2023（17）：108-112.

魏会廷，冯建成．智慧教学背景下高校教师TPACK发展策略研究［J］．中国信息技术教育，2023（5）：96-101.

魏会廷．高等教育人才培养背景下智慧教学体系构建研究［J］．公关世界，2023（14）：118-120.

魏会廷．河南省应用型高校智慧教学现状调查与发展对策研究［J］．许昌学院学报，2013，42（1）：146-150.

向美来，易伟松．高校扩招20年发展历程与展望［J］．长江大学学报（社会科学版），2021，44（3）：113-120.

徐春华，傅钢善，侯小菊．我国高校教师的TPACK水平及发展策略［J］．现代教育技术，2018，28（1）：59-65.

徐鹏．教师整合技术的学科教学知识影响因素模型构建研究［D］．长春：东北师范大学，2014：1-2.

许文虎，钟敏．基于"互联网+"智慧教学的新型教学模式研究与实践［J］．职教论坛，2017（32）：58-61.

杨鑫，解月光．智慧教学能力：智慧教育时代的教师能力向度［J］．教育研究，2019，40（8）：150-159.

叶宇平，何笑．智慧教育引领教学方式新变革［J］．高教发展与评估，2020（7）：87-96.

郁琴芳，陈嘉媛，宋萑．教师家校合作素养指标建设的德尔菲法调查研究［J］．教师教育研究，2022，34（6）：44-52.

翟俊卿，王习，廖梁．教师学科教学知识（PCK）的新视界：与范德瑞尔教授的对话［J］．教师教育研究，2015，27（4）：6-10.

詹艺，任友群．整合技术的学科教学法知识的内涵及其研究现状简述［J］．远程教育杂志，2010，28（4）：78-87.

张晋，王嘉毅．高等教育高质量发展的时代内涵与实践路径［J］．中国高教研究，2021（9）：25-30.

张静，刘赣洪．多维视角下教师TPACK发展机制与培养路径［J］．远程教育杂志，2015，33（3）：95-102.

张静．面向TPACK发展的设计型教师教育课程：缘起、模式及启示［J］．远程教育杂志，2013，31（5）：83-88.

张静．融合信息技术的教师知识发展研究［M］．北京：中国社会科学出版社，2017：204.

张朗悦．基于动态学习数据的中小学智慧课堂构建研究［D］．北京：中央民族大学，2021.

张育桂．库恩科学理论视角下关于TPACK框架的思考［J］．信阳师范学院学报（哲学社会科学版），2017，37（2）：78-82.

赵忠君，赵鸿菱，张伟伟．从"独角戏"到"分饰多角"：智慧学习环境下高校教师角色的嬗变［J］．内蒙古师范大学学报（教育科学版）．2021，34（6）：91-100.

周佳伟，王祖浩．信息技术与学科教学如何深度融合：基于TPACK的教学推理［J］．电化教育研究，2021，42（9）：20-26.

周琴，徐蕊玥，梁昊楠．韩国智慧教育战略及其启示［J］．教师教育学报，2021（7）：109-115.

周小凤．智慧教育背景下警务人才培养模式创新［J］．司法警官职业教育研究，2022，3（2）：75-82.

周云．移动互联视域下的大学英语智慧教学模式研究［J］．现代教育技术，2016，26（12）：79-85.

Abd Rahman F，Scaife J，Yahya N A，et al. Knowledge of diverse learners：Implications for the practice of teaching［J］．International Journal of Instruction，2010，3：

83 - 96.

Agnes Kukulska - Hulme. Smart learning with mobile devices [EB/OL]. [2018 - 11 - 10]. http：//blogs. ubc. ca/newliteracies/files/2011/12/Kukulska - Hulme. pdf.

Aguinaldo B E. Developing and applying technological pedagogical and content knowledge (TPACK) for a blended learning environment：A rural higher education experience in the philippines [J]. Countryside Development Research Journal，2017，4：27 -35.

Archambault L M, Barnett J H. Revisiting technological pedagogical content knowledge： Exploring the TPACK framework [J]. Computers and Education，2010，55： 1656 - 1662.

Awang Z A. Handbook on SEM for academicians and practitioners：The step by step practical guides for the beginners [J]. MPWS Rich Resources，2014.

Azlan A A，Hamzah M R，Sern T J，et al. Public knowledge，attitudes and practices towards COVID - 19：A cross - sectional study in malaysia [J]. PLOS ONE，2020， 15：e0233668.

Baki M，Arslan S. Impact of lesson study on pre - service primary teachers' mathematical pedagogical content knowledge [J]. International Journal of Mathematical Education in Science and Technology，2022：1 - 19.

Ballesteros - Perez P. M - PERT：Manual project - duration estimation technique for teaching scheduling basics [J]. Journal of construction engineering and management， 2017，143（9）：04017063.

Beardsley M，Albó L，Aragón P，et al. Emergency education effects on teacher abilities and motivation to use digital technologies [J]. British Journal of Educational Technology，2021，52：1455 - 1477.

Cahyono B Y，Kurnianti O D，Mutiaraningrum I. Indonesian EFL teachers' application of TPACK in in - service education teaching practices [J]. International Journal of English Language Teaching，2016，4：16 - 30.

Chai C S，Koh J H L，Ho H N J，et al. Examining pre - service teachers' perceived knowledge of TPACK and cyber wellness through structural equation modeling [J]. Australasian Journal of Educational Technology，2012，28：1000 - 1019.

Che Zanariah C H，Fadzilah A R. Implementation of the teaching and learning of writing

skills in primary schools [J]. Journal of Malay Language Education, 2011, 1:
67 – 87.

Chee J, Nor M M, Othman A J, et al. Issues of Content knowledge, pedagogy and technology among preschool teachers [J]. Asia Pacific Curriculum and Teaching Journal, 2018, 6: 7 – 21.

Chen J. Chinese Middle School Teacher Job Satisfaction and Its Relationships with Teacher Moving [J]. Asia Pacific Education Review, 2010, 11: 263 – 272.

Cherner T, Smith D. Reconceptualizing TPACK to Meet the Needs of Twen – ty – First Century Education [J]. The New Educator, 2017, 13, 329 – 349.

Chong O S, Mahamod Z, Hamzah M I M. Exploring teaching methods of sarawak malay language excellent teacher: A Case Study [J]. Journal of Malay Language Education, 2017, 7: 93 – 108.

Demirok M S, Baglama B. Examining technological and pedagogical content knowledge of special education teachers based on various variables [J]. TEM Journal, 2018, 7: 507 – 512.

Dilworth – Anderson P, Pierre G, Hilliard T S. Social justice, health disparities, and culture in the care of the elderly [J]. The Journal of Law, Medicine and Ethics, 2012, 40: 26 – 32.

Dugard P, Todman J. Analysis of Pre – Test – Post – Test control group designs in educational research [J]. Educational Psychology, 1995, 15: 181 – 198.

Erbas I, Cipuri R, Joni A. The impact of technology on teaching and teaching English to elementary school students [J]. Linguistics and Culture Review, 2021, 5: 1316 – 1336.

Ertmer P A, Ottenbreit – Leftwich A T. Teacher Technology Change: How knowledge, confidence, beliefs, and culture intersect [J]. Journal of Research on Technology in Education, 2010, 42: 255 – 284.

Escudero – Ávila D, Montes M, Contreras L C. What do mathematics teacher educators need to know? Reflections emerging from the content of mathematics teacher education [M] //Goos M, Beswick K. The Learning and Development of Mathematics Teacher Educators. New York: Springer. 2021: 23 – 40.

Galimullina E，Ljubimova E，Ibatullin R. SMART education technologies in mathematics teacher education - ways to integrate and progress that follows integration [J]. Open Learning：The Journal of Open，Distance and e - Learning，2020，35（1）：4 - 23.

Horne S V，Murniati C T，Saichaie K，et al. Using qualitative research to assess teaching and learning intechnology - infused TILE classrooms [J]. New Directions for Teaching & Learning，2014，137：17 - 26.

Huiting Wei. Optical Hybrid Network Structure Based on Cloud Computing and Big Data Technology. Journal of Sensors，2023，13（3），1399.

Koehler M J，Mishra P. What is technological pedagogical content knowledge？ [J]. Contemporary Issues in Technology and Teacher Education，2009，9（1）：60 - 70.

Martín A C，Alario - Hoyos C，Kloos C D. Smart education：A review and future research directions [J]. Multidisciplinary Digital Publishing Institute Proceedings，2019，31（1）：57.

Mishra P，Koehler M. Technological pedagogical content knowledge：A framework for teacher knowledge [J]. The Teachers College Record，2006，108（6）：1017 - 1054.

Shulman L S. Knowledge and teaching：Foundations of the New Reform [J]. Harvard Educational Review，1987，57（1）：1 - 22.

Shulman L S. Those who understand：Knowledge Growth in Teaching [J]. Educational Researcher，1986，15（2），4 - 14.

附录1 教师数字素养
（JY/T 0646—2022）

1 范围

本文件给出了教师数字素养框架，规定了数字化意识、数字技术知识与技能、数字化应用、数字社会责任、专业发展五个维度的要求。本文件适用于对教师数字素养的培训与评价。

2 规范性引用文件

本文件没有规范性引用文件。

3 术语和定义

下列术语和定义适用于本文件。

3.1 教师数字素养 digital literacy of teachers

教师适当利用数字技术获取、加工、使用、管理和评价数字信息和资源，发现、分析和解决教育教学问题，优化、创新和变革教育教学活动而具有的意识、能力和责任。

3.2 数字技术资源 digital technology resources

在教育教学中使用的通用软件、学科软件、数字教育资源、智慧教育平台、智能分析评价工具、智能教室等数字教育产品的统称。

4 教师数字素养框架

教师数字素养框架包括5个一级维度、13个二级维度和33个三级维度，见附图1。一级维度包括：数字化意识、数字技术知识与技能、数字化应用、数字社会责任，以及专业发展。每个一级维度由若干二级维度组成，每个二级维度由若干三级维度组成。第5章到第9章分别规定了各个一级维度的具体内容。

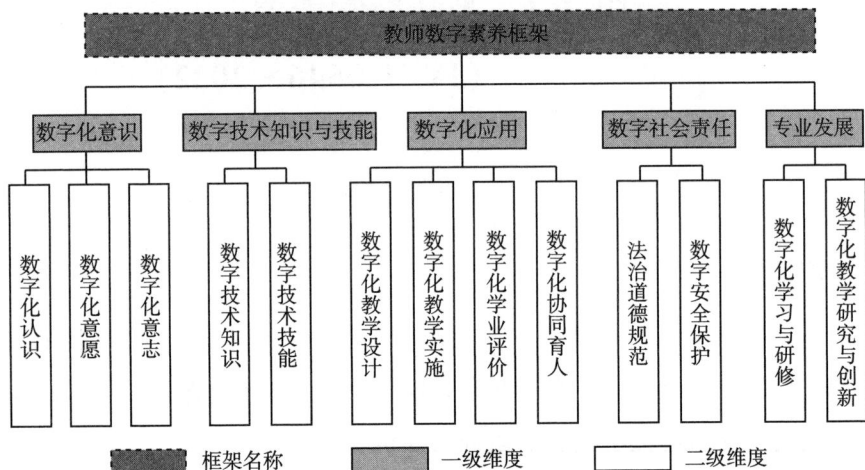

附图1　教师数字素养框架

5　数字化意识

5.1　概述

客观存在的数字化相关活动在教师头脑中的能动反映，包括数字化认识，数字化意愿，以及数字化意志。

5.2　数字化认识

教师对数字技术在经济社会及教育发展中价值的理解，以及在教育教学中可能产生新问题的认识，包括理解数字技术在经济社会及教育发展中的价值，以及认识数字技术发展对教育教学带来的机遇与挑战。

5.3　数字化意愿

教师对数字技术资源及其应用于教育教学的态度，包括主动学习和使用数字技术资源的意愿，以及开展教育数字化实践、探索、创新的能动性。

5.4　数字化意志

教师在面对教育数字化问题时，具有积极克服困难和解决问题的信念，包括战胜教育数字化实践中遇到的困难和挑战的信心与决心。

5.5　维度

数字化意识的二级维度及三级维度见附表1。

附表1　数字化意识维度

一级维度	二级维度	三级维度	描述
数字化意识	数字化认识	理解数字技术在经济社会及教育发展中的价值	了解数字技术引发国际数字经济竞争发展；理解数字技术推动教育数字化转型的重要意义
		认识数字技术发展对教育教学带来的机遇与挑战	认识到数字技术正在推动教育创新发展；意识到数字技术资源应用于教育教学过程会产生教学理论、教学模式、教学方法方面的创新要求，以及可能出现伦理道德方面的问题
	数字化意愿	主动学习和使用数字技术资源的意愿	主动了解数字技术资源的功能作用，有在教育教学中使用的愿望；理解合理使用数字技术资源能够推动教育高质量发展
		开展教育数字化实践、探索、创新的能动性	具有实施数字技术与教育教学融合的主动性，愿意开展教育教学创新实践
	数字化意志	战胜教育数字化实践中遇到的困难和挑战的信心与决心	能够战胜教育数字化实践中面临的数字技术资源使用、教学方法创新方面的困难与挑战，坚信并持续开展数字化教育教学实践探索

6　数字技术知识与技能

6.1　概述

教师在日常教育教学活动中应了解的数字技术知识与需要掌握的数字技术技能，包括数字技术知识，以及数字技术技能。

6.2 数字技术知识

教师应了解的常见数字技术知识，包括常见数字技术的概念、基本原理。

6.3 数字技术技能

教师应掌握的数字技术资源应用技能，包括数字技术资源的选择策略及使用方法。

6.4 维度

数字技术知识与技能的二级维度及三级维度见附表2。

附表 2　数字技术知识与技能维度

一级维度	二级维度	三级维度	描述
数字技术知识与技能	数字技术知识	常见数字技术的概念基本原理	了解常见数字技术的内涵特征，及其解决问题的程序和方法。例如：了解多媒体、互联网、大数据、虚拟现实、人工智能的内涵特征，及其解决问题的程序和方法
	数字技术技能	数字技术资源的选择策略	掌握在教育教学中选择数字化设备、软件、平台的原则与方法
		数字技术资源的使用方法	熟练操作使用数字化设备、软件、平台，解决常见问题

7　数字化应用

7.1　概述

教师应用数字技术资源开展教育教学活动的能力，包括数字化教学设计，数字化教学实施，数字化学业评价，以及数字化协同育人。

7.2　数字化教学设计

教师选用数字技术资源开展学习情况分析、设计教学活动和创设学习环境的能力，包括开展学习情况分析，获取、管理与制作数字教育资源，设计数字化教学活动，以及创设混合学习环境。

7.3　数字化教学实施

教师应用数字技术资源实施教学的能力，包括利用数字技术资源支持教学活动组织与管理，优化教学流程，以及开展个别化指导。

7.4　数字化学业评价

教师应用数字技术资源开展学生学业评价的能力，包括选择和运用评价数据采集工具，应用数据分析模型进行学业数据分析，以及实现学业数据可视化与解释。

7.5　数字化协同育人

教师应用数字技术资源促进学校家庭社会协同育人的能力，包括学生数字素养培养，利用数字技术资源开展德育、心理健康教育，以及家校协同共育。

7.6　维度

数字化应用的二级维度及三级维度见附表3。

附表3　数字化应用维度

一级维度	二级维度	三级维度	描述
数字化应用	数字化教学设计	开展学习情况分析	能够运用数字评价工具对学生的学习情况进行分析。例如：应用智能阅卷系统、题库系统、测评系统对学生知识准备。学习能力、学习风格进行分析
		获取、管理与制作数字教育资源	能够多渠道收集，并依据教学需要选择、管理、制作数字教育资源
		设计数字化教学活动	能够依据教学目标，设计融合数字技术资源的教学活动
		创设混合学习环境	能够利用数字技术资源突破时空限制，创设网络学习空间与物理学习空间融合的学习环境

(续)

一级维度	二级维度	三级维度	描述
数字化应用	数字化教学实施	利用数字技术资源支持教学活动组织与管理	能够利用数字技术资源有序组织教学活动，提升学生参与度和交流主动性
		利用数字技术资源优化教学流程	能够使用数字工具实时收集学生反馈，改进教学行为，优化教学环节，调控教学进程
		利用数字技术资源开展个别化指导	能够利用数字技术资源发现学生学习差异，开展针对性指导
	数字化学业评价	选择和运用评价数据采集工具	能够合理选择并运用数字工具采集多模态学业评价数据
		应用数据分析模型进行学业数据分析	能够选择与应用合适的数据分析模型开展学业数据分析
		实现学业数据可视化与解释	能够借助数字工具可视化呈现学业数据分析结果并进行合理解释
	数字化协同育人	学生数字素养培养	能够指导学生恰当地选择和使用数字技术资源支持学习，注重培养学生的计算思维和数字社会责任感
		利用数字技术资源开展德育	能够利用数字技术资源拓宽德育途径，创新德育模式
		利用数字技术资源开展心理健康教育	能够利用数字技术资源辅助开展多种形式的心理健康教育活动。例如：利用数字技术资源辅助开展心理健康诊断、团体辅导，心理训练，情境设计，角色扮演，游戏辅导
		利用数字技术资源开展家校协同共育	能够利用数字技术资源实现学校与家庭协同育人，主动争取社会资源，拓宽育人途径

8　数字社会责任

8.1　概述

教师在数字化活动中的道德修养和行为规范方面的责任，包括法治道德规范，以及数字安全保护。

8.2 法治道德规范

教师应遵守的与数字化活动相关的法律法规和道德伦理规范，包括依法规范上网，合理使用数字产品和服务，以及维护积极健康的网络环境。

8.3 数字安全保护

教师在数字化活动中应具备的数据安全保护和网络安全防护的能力，包括保护个人信息和隐私，维护工作数据安全，以及注重网络安全防护。

8.4 维度

数字社会责任的二级维度及三级维度见附表4。

附表 4 数字社会责任维度

一级维度	二级维度	三级维度	描述
数字社会责任	法治道德规范	依法规范上网	遵守互联网法律法规，自觉规范各项上网行为
		合理使用数字产品和服务	遵循正当必要、知情同意、目的明确、安全保障的原则使用数字产品和服务，尊重知识产权，注重学生身心健康
		维护积极健康的网络环境	遵守网络传播秩序，利用网络传播正能量
	数字安全保护	保护个人信息和隐私	做好个人信息和隐私数据的管理与保护
		维护工作数据安全	在工作中对学生、家长及其他人的数据进行收集、存储、使用、传播时注重数据安全维护
		注重网络安全防护	辨别、防范、处置网络风险行为。例如：辨别、防范、处置网络谣言、网络暴力、电信诈骗、信息窃取行为

9 专业发展

9.1 概述

教师利用数字技术资源促进自身及共同体专业发展的能力，包括数字化学习与研修，以及数字化教学研究与创新。

9.2 数字化学习与研修

教师利用数字技术资源进行教育教学知识技能学习与分享，教学实践反思与改进的能力，包括利用数字技术资源持续学习，利用数字技术资源支持反思与改进，以及参与或主持网络研修。

9.3 数字化教学研究与创新

教师围绕数字化教学相关问题开展教学研究，以及利用数字技术资源实现教学创新的能力，包括开展数字化教学研究，以及创新教学模式与学习方式。

9.4 维度

专业发展的二级维度及三级维度见附表5。

附表5 专业发展维度

一级维度	二级维度	三级维度	描述
专业发展	数字化学习与研修	利用数字技术资源持续学习	根据个人发展需要，利用数字技术资源开展学习。例如：利用数字教育资源进行学科知识、教学法知识、技术知识、教育教学管理知识的学习
		利用数字技术资源支持反思与改进	利用数字技术资源对个人教学实践进行分析，支持教学反思与改进
		参与或主持网络研修	参与或主持网络研修共同体，共同学习、分享经验、寻求帮助、解决问题
	数字化教学研究与创新	开展数字化教学研究	针对数字化教学问题，利用数字技术资源支持教学研究活动
		创新教学模式与学习方式	利用数字技术资源不断创新教学模式、改进教学活动、转变学生学习方式

附录2 许昌学院"双师双能型"
教师认定与管理办法

（院政人〔2022〕19号）

为更好地实现应用型人才培养目标，建设特色鲜明的高水平应用型大学，构建一支结构合理、素质优良、理论基础扎实、实践能力较强的"双师双能型"教师队伍，结合学校实际，制定本办法。

一、指导思想

以全面提升教师应用能力和综合素质为中心，梯队培养为重点，加强应用型人才培养为目标，坚持数量、结构、质量协调发展，建设一支实践经验丰富、业务精良、数量充足的"双师双能型"教师队伍，促进各专业教师自觉提升自身应用能力和实践操作水平，适应学校发展需要，切实提高人才培养质量。

二、认定分类及条件

为保证"双师双能型"教师队伍的持续发展，形成梯队培养模式，"双师双能型"教师认定分为"一级双师型教师"和"二级双师型教师"2个层次。具体认定条件如下：

（一）一级双师型教师

申请认定"一级双师型教师"的人员必须具有高校教师（实验）系列副高级及以上职称，且所申请认定的学科与讲授课程专业一致或相近。同时需要满足所有条件中的2条以上，但是第1条为必备条件：

1. 具有本专业（或相近专业）非教师系列副高级及以上专业技术

任职资格证书；或具有本行业特许的职业资格（副高级以上）、专业资格和技能等级一级证书（高级技师以上）；或具有国家组织的专业相关的一级和副高级及以上执业资格证书；担任省部级以上政府部门技术顾问或被聘为相关行业特聘专家。

以上相关证书以《国家职业资格目录》所规定的58项专业技术人员职业资格和81项技能人员职业资格证书为准，特殊行业，未在目录内的由学校专门组织进行认定。

2. 指导学生获得国家级专业学科竞赛A类三等及以上奖励（限第1指导教师）。

3. 近五年主持或参与完成为企事业单位开展的技术研发和相关服务等横向课题（总到账经费30万元以上），且成果已被企业使用，效益良好。

4. 近五年获得国家发明专利授权或设计产品为学校实现成果转化收益15万元以上。

5. 能有效促进学校应用型人才培养水平提升，经学校双师型教师建设工作领导小组研究同意的其他条件。

（二）二级双师型教师

申请认定"二级双师型教师"的人员必须具有高校教师（实验）系列中级及以上职称（对于因任职时间短而未取得中级职称的年轻教师，需获得校级教学技能竞赛二等奖及以上奖励或其他教学类技能竞赛一等奖），且所申请认定的学科领域与讲授课程专业一致或相近，并具备下列能力之一。

1. 双师能力。具有相关中级专业技术资质，满足下列条件之一：

（1）具有本专业或相近专业非教师系列中级及以上专业技术任职资格证书。

（2）具有本行业特许的职业资格（中级以上）、专业资格和技能等级二级以上证书（技师以上）。

（3）具有国家组织的专业相关的二级和中级及以上执业资格证书。

（4）具有从事本专业或相近专业国家职业技能鉴定高级考评员资格证书。

以上前3条相关证书以《国家职业资格目录》所规定的58项专业技术人员职业资格和81项技能人员职业资格证书为准，特殊行业，未在目录内的由学校组织进行认定。

2. 双能能力。具有较高相关行业或企业的职业素养，满足下列条件之一：

（1）指导学生获得国家级专业学科竞赛B类二等及以上奖励（限第1指导教师）。

（2）近五年主持或参与完成为企事业单位开展的技术研发和相关服务等横向课题（总到账经费10万元以上），且成果已被企业使用，效益良好。

（3）近五年获得国家发明专利授权或设计产品为学校实现成果转化收益5万元以上。

（4）能有效促进学校应用型人才培养水平提升，经学校双师型教师建设工作领导小组研究同意的其他条件。

3. 双师双能能力。具有相关初级专业技术资质，并具有一定相关行业或企业的职业素养。满足下列条件中2条以上，其中第1条为必备条件：

（1）具有本专业或相近专业非教师系列初级及以上专业技术任职资格证书；或具有本行业特许的职业资格（初级以上）、专业资格和技能等级四级及以上证书（中级技工以上）；或具有国家组织的专业相关的执业资格证书。

以上相关证书以《国家职业资格目录》所规定的58项专业技术人员职业资格和81项技能人员职业资格证书为准，特殊行业，未在目录内的由学校组织进行认定。

（2）经学校批准，脱产到企事业实践学习、挂职锻炼、接受专业技术培训累积时间不少于一年；或者有两年以上企业工作经历。

（3）指导学生获得国家级专业学科竞赛 C 类一等及以上奖励（限第 1 指导教师）。

（4）近五年主持（或参与）完成为社会企事业单位开展的技术研发服务和相关服务等，其中横向课题（最终到账经费 5 万元及其以上），且横向成果已被企业采用，产生效益较好。

（5）近五年获得国家发明专利授权或设计产品为学校实现成转化收益 3 万元以上。

（6）能有效促进学校应用型人才和创新型人才培养水平提升，经学校双师双能教师建设工作领导小组经过专门研究同意的其他情况。

三、认定程序

（一）个人申请

符合"双师双能型"教师资格条件的二级学院教师，向所在教学院系提出申请，填写"许昌学院'双师双能型'教师资格认定申请表"，并按时提交相应职称证明材料原件和复印件。

（二）单位推荐

各教学单位在初评的基础上，向人事处提交拟认证人员的相关证明材料，兼职教师从申请专业所在相关教学单位申报，并经相关教学单位初评通过后予以推荐。

（三）资格审查

人事处对申请人的教师资格、学历、职称、职业资格及企业行业工作经历等资料进行初审，特殊情况由工作领导小组研究确定。

（四）评审答辩

学校组织专家，对通过资格审查人员进行评审答辩，确定其是否具备相应等级"双师双能型"教师素养，经学校专家小组严格评审获得通过后，确定本次"双师型教师"通过人员名单，并在全校范围内进行公示，一般不低于 3 天。"双师型教师"人员名单经公示后，若无原则异议，由学校批准，认定双师型教师资格。

四、管理办法与激励措施

(一) 管理办法

为更好保证"双师双能型"教师队伍在我校专业建设、人才培养中发挥应有的作用，对于取得"双师型教师"资格人员，需积极从事以下工作：

1. 积极参与所在二级学院教学单位的各项实践教学改革、相关专业建设、相关课程教学、资源建设、实验实习实训基地建设。

2. 每年需完成一定的实践教学工作量。

3. 积极参与指导教学单位的学生参加各类专业学科竞赛，积极为社会单位开展技术研发合作和社会服务等方面横向课题。学校对"双师型教师"实行校院两级管理，教学单位要建立健全管理机制，加强双师型教师队伍管理工作。发生下列情况之一者，取消"双师型教师"资格：

1. 严重违反国家法律和学校有关规章制度，给学校造成严重不良影响和重大经济损失的。

2. 不能完成指导学生专业实践活动的教学任务或不具备专业指导能力的。

3. 弄虚作假取得资格者。

(二) 激励措施

学校对取得"一级双师型教师"和"二级双师型教师"人员在职称评定方面分别给予适当加分。在绩效工资分配中，"一级双师型教师"相应专业课时上浮 10%，"二级双师型教师"相应专业课时上浮 5%，上浮课时由教学单位在年度绩效分配中统一核算并发放。

五、培养机制与保障措施

（一）各教学单位要建立健全"双师双能型"教师培训培养机制，制定年度"双师双能型"教师队伍建设目标，采取积极措施，明确培养任务，制定工作计划，力求工作实效。

（二）各教学单位每年组织和鼓励具有讲师（或以上）职称的专任教师，积极参加与本专业实践技能相关的行业特许资格、专业资格、专业技能考评员鉴定师资格等方面培训和考试，取得相应证书。

（三）各教学单位择优选取相应行业单位作为"双师双能型"教师培养基地，有计划遴选一批专业基础厚实的教师到行业进行对口短期或中期专门培训、学习。

（四）各教学单位拓宽引进人才的渠道，鼓励从企事业单位引进具有硕士研究生以上学历学位和高级专业技术职务的高层次应用型人才。

（五）"双师双能型"教师队伍建设的业绩，是教学单位及其班子年度考核的一项重要指标。

六、组织领导

学校成立双师双能型教师队伍建设工作的领导小组，分管人事的副校长为组长，另外，学校人事处、教务处、科研处等职能部门的处长任副组长。领导小组下设办公室，办公室设在人事处，该处处长兼任领导小组办公室主任。

七、附则

本办法自发布之日起实施，《许昌学院双师型教师认定与管理暂行规定》（院政人〔2017〕12号）同时废止。

原"双师型教师"经登记后转为"二级双师型教师"并予以换证，

如满足"一级双师型教师"认定条件，经申请、审核通过后可直接认定为"一级双师型教师"并予以换证。

　　本规定由人事处负责解释。

许昌学院

2022 年 8 月 31 日

附录 3　许昌学院教师教育教学能力
培训指导性文件

文件1：许昌学院教师教育教学培训工作实施方案（试行）

（院政教〔2022〕14号）

为顺应新时代高等教育改革新趋势，加大师资队伍建设力度，促进教师教育教学能力和水平持续提升，使教师教育教学培训工作规范化、制度化，根据《国务院关于加强教师队伍建设的意见》（国发〔2012〕41号）、《中共中央　国务院关于全面深化新时代教师队伍建设改革的意见》（中发〔2018〕4号）、《河南省教育厅关于推进新时代高校教师专业发展体系建设的指导意见》（教高〔2021〕310号）精神，结合学校实际，特制定本方案。

一、总体目标

以习近平新时代中国特色社会主义思想和党的十九大精神为指导，全面贯彻落实全国教育大会精神，遵循教师成长发展规律，围绕学校高水平应用型大学的建设目标，坚持校内培训与校外培训相结合、集中学习与自主学习相结合、形式多样与讲求实效相结合的原则，有计划、分层次、有成效地开展校、院两级教师教育教学培训、教研活动，引导教师更新教育教学理念、锤炼教学基本功、掌握先进教育技术、创新教育教学方法，推动教师教育教学能力与水平不断提升。

二、培训对象

1. 承担教学任务的教师；
2. 有关单位的行政管理人员。

三、培训内容

根据教师岗位类别与工作职责，围绕师德师风教育、国内外高等教育发展趋势、新时代教育教学理念、教师职业素养、新入职教师教育教学能力培养、信息化教学方法研究与实践、课程思政教学设计与实施、课程建设和教学管理等，全面提升我校教师的职业素养、教学技能、教育教学水平和教学管理水平。

四、培训方式

开展"线上与线下""集中与自学""校内与校外""观摩与实践"等形式多样的教育教学培训，具体包括新进教师培训、在岗教师及教学管理队伍培训、"教师发展"论坛、全员在线学习、教学沙龙、教学工作坊、教学观摩、教学研讨等。

五、培训组织与管理

教师教育教学培训及管理实行校院两级培训、两级管理。

（一）校级层面

学校成立教师教育教学培训工作领导小组（以下简称"领导小组"），由分管校领导担任组长，成员由教师发展中心、教务处、人事处、科研处、学科建设办公室、财务处等职能部门负责人组成。领导小组办公室设在教师发展中心，教师发展中心主任兼任领导小组办公室主任。主要职责有：

1. 结合高等教育发展趋势、当前教育教学热点问题，针对我校教育教学中存在的共性问题，制订校级年度教师教育教学培训计划，并组织开展校级培训项目，推荐优秀教师参加校外教学能力提升培训、研修和比赛。

2. 负责组织审定各教学单位制订的年度教师教育教学培训计划，对相关单位年度培训活动的组织开展情况进行考核。

（二）院级层面

各教学单位是教师教育教学能力培训与提升的责任主体，负责院级培训工作的统筹规划和组织协调。主要职责有：

1. 结合本单位教师教育教学水平和发展需求，系统策划本单位教师教育教学培训工作，制订教师教育教学培训及管理工作实施细则。

2. 根据专业学科发展、人才培养需求、课程设置等具体情况，研究、制订本单位年度"教师发展"论坛、教学沙龙、教学观摩、教学经验交流会等培训计划，并依据计划组织开展相应的活动。

3. 分学期对本单位教师参与教育教学培训的情况进行认定，并汇总后报教师发展中心备案。

六、培训学时要求

按照《国务院关于加强教师队伍建设的意见》（国发〔2012〕41号）要求，五年一周期的教师全员培训不少于360学时，为了促进我校教育教学培训工作的有效、有序开展，学校实行教师分层、分类培训。具体情况如下：

1. 新入职教师按照《许昌学院新入职教师岗前培训工作管理办法（试行）》的相关要求完成培养培训任务，通过培养考核的教师获得"许昌学院新入职教师岗前培训合格证书"。

2. 没有纳入"过教学关"计划的专任教师，每年参加线上学习不少于25学时，线下学习研讨不少于15学时。

3. 承担教学任务的非专任教师（含行政人员、实验员、实训员、辅导员等），每年参加线上、线下学习研讨累计不少于 25 学时，其学习情况纳入开课单位管理。

4. 教学管理人员每年参加线上、线下学习研讨累计不少于 25 学时。

5. 学校、教学单位认定需提升教育教学能力和水平的教师，每年参加线上学习不少于 50 学时，线下学习研讨不少于 25 学时。

七、结果的运用

1. 实行严格考勤制度，教师参加教育教学培训的学时等认定情况记入个人成长档案，作为教师年度考核、评先评优、职称评定和岗位聘任的重要参考。

2. 未完成教育教学培训的人员，当年度教学工作业绩考核不得评定为优秀。

3. 各教学单位组织开展教师教育教学培训的情况将纳入单位年度教学工作及师资队伍建设考核。

八、其他要求

1. 各教学单位要高度重视教师教育教学能力培训和提升，创造性地开展教师教育教学培训工作，做到"工作到位、不走过场、讲求实效"。

2. 学校投入专项经费用于支持校院两级"全员培训计划"的实施。

九、附则

本方案自公布之日起执行，由教师发展中心负责解释。

许昌学院

2022 年 6 月 21 日

文件2：许昌学院新入职教师岗前培训工作管理办法（试行）

（院政教〔2022〕13号）

为规范我校新入职教师岗前培训工作，提升新入职教师的教育教学能力，切实保障和提高教育教学质量，结合学校实际，特制定本办法。

一、培训对象

1. 毕业来学校从事教学工作人员（含理论教学、实验教学和实践教学）等；

2. 调入学校从事教学工作前无全日制本科院校教学经验的教师；

3. 上年度未通过上岗培训考核人员；

4. 校内非教学岗位转为教学岗位的人员。

二、培训要求

1. 树立正确的世界观、人生观、价值观，忠诚于教育事业，遵守高校教师职业道德和行为规范，遵守学校规章制度，认真履行教书育人职责，为人师表，做党和人民满意的教师。

2. 理解学校的发展目标整体定位、学校办学的类型定位、学校办学层次定位、学校学科结构定位、服务面向定位以及人才培养总目标，熟悉和学习教学管理和运行的规章制度，认真学习各专业的培养方案和教学大纲，虚心向指导教师和其他教师学习，尽快掌握教学中各个阶段的基本模式和方法等。

3. 完成指导教师指定的工作任务，跟听指导教师讲授的课程，参加与课程相关的辅导答疑、批改作业、实验指导及其他教学相关工作，全面接受教学基本技能训练。

4. 培训期间原则上不单独承担教学任务，在培训后期可以在指导教师指导下试讲一门课程的部分教学内容，按指导教师要求认真备课、撰写教案及制作多媒体课件。试讲前与指导教师沟通试讲内容、要点及主要教学方法，试讲后结合指导教师意见，及时改进教学中的不足。

5. 积极配合并参加学校与学院组织的培训指导，认真听取专家的意见和建议，积极整改，通过参加教育教学讲座、网络课程学习等各种方式继续学习，提高教学能力水平，完成所有培训环节，提交所要求的文档材料。

三、培训类型、目的、内容、形式及学分

（一）专题培训

1. 新入职教师基础培训

目的：帮助新入职教师逐步熟悉教育教学与学生发展的规律；促进新老教师交流教学经验、教学技能、方法与策略。帮助新入职教师，做到较好地学习学校的各项规章制度，更好地规划教师个人职业发展。

主要内容：组织、人事、教学、科研、财务、学科建设、国际交流、安全教育、意识形态、党风党建等的制度解读；教学技能提升培训；示范课观摩；教师职业生涯发展体会与分享；师德师风建设体会与分享；素质拓展训练；心理健康讲座等。

形式：校领导开展师德师风建设培训和师德师风优秀教师分享交流；机关业务部门领导开展工作制度解读；校内外培训团队教学技能提升培训；教学名师、教学新秀等优秀教师教学经验交流；优秀校内外科研团队或个人分享科研经验。

学分：4学分。要求：按照新入职教职工校内培训安排进行；所有

新入职教师必须参加，不得缺席。

2. 教育教学改革、教学研究、教学方法创新等相关讲座

目的：帮助新入职教师学习前沿教育理念，掌握科学、规范的课程设计方法，提升课堂教学技能，提高教学能力与水平。

主要内容：从学科前沿的教育思想、教学理念、教学模式到操作层面的教学方法、教育技术等方面，全方位提升教师对教育教学的热爱、对职业素养的凝练、对课堂教学的掌控、对学生学业的关注。

形式：邀请国内外知名专家授课，举办线上、线下专题讲座，采用小组研讨、教学示范、分类指导、工作坊等形式。

学分：4学分。要求：新入职教师可根据自身时间与兴趣，每学期至少选择参加2次。

3. 教育技术培训与辅导

目的：帮助新入职教师更好地利用各种信息化教学手段，与大学课堂教学相融合，有效提高教师的教学水平，丰富教师的教学手段，增强教学效果。

主要内容：先进教育技术在课堂教学中的有效运用，包括PPT的制作、微格教学、慕课、微课制作、翻转课堂、教育信息化平台等。

形式：举行线上、线下教学技术培训班或研讨会，学习资深教师的经验，开展教学技术运用咨询辅导等活动。

学分：4学分。要求：新入职教师可根据自身时间与兴趣，每学期至少选择参加2次。

4. 网络课程培训

新入职教师通过网络在线培训课程的学习，1学年内完成2门网络课程的学习并取得课程结业证书，共计4学分。

5. 教学观摩

新入职专任教师观摩由学校组织优秀课堂教学展示活动。1学年内至少选择参加6次，共计4学分。

（二）专家指导

1. 各学院为新入职教师配备指导教师，对新入职教师各教学环节进行跟踪指导。新入职教师应全程参与指导教师的教学活动，不断提高自己的教学效果，每学期结束后形成听课记录，由指导教师进行评价与考核，共计2学分。

2. 各学院每学期组织1次新入职教师的试讲活动。要求至少有本学科2位副高级以上职称的教师参与评议；或者由学院班子成员、系（教研室）主任或副主任、教学秘书每学期对新入职教师随堂听课1次，共计2学分。

（三）评价反馈

1. 校级督导团每学期对新入职教师随堂听课1次。新入职教师应积极与校级督导团专家交流，认真听取意见，每学期末形成1份教学反思与总结，由指导专家审阅，共计2学分。

2. 校级试讲评价。每位新入职教师经过1学年跟踪指导培训后，由学校组织1次集中的考核试讲，共计4学分。

3. 建立教师成长档案。学校为每位新入职教师建立教师成长档案，包括整个培训期间形成的多种文档材料、专家评价、学生反馈、录像视频等，为教师教学效果评价提供依据。

四、结业考核

（一）文档材料

新入职教师完成所有培训环节，参加校级试讲合格，修满30学分并依据参加的项目环节提交下列文档材料可取得"许昌学院新入职教师岗前培训合格证书"。

1. 主讲课程的教学大纲（每门课1份）；

2. 主讲课程的教学日历（每门课1份）；

3. 提交某一章节的纸质教案（每门课1份）；

4. 听课记录表（每人每学期至少 2 份）；

5. 参加培训讲座的心得体会（1 份）；

6. 网络课程的结业证书；

7. 新入职教师院级试讲评价表（每次 5 份）；

8. 教学反思和总结材料（每学期 1 份）。

（二）学分明细

模块	项目	要求	学分
专题培训（20 学分）	新入职教师校内培训	必须参加	4 学分
	教育教学改革、教学研究、教学方法创新等讲座	每学期选择参加 3 次	4 学分
	教育技术培训与辅导	每学期选择参加 2 次	4 学分
	网络课程培训	每学期 2 门	4 学分
	教学观摩	每学期 3 门	4 学分
专家指导（4 学分）	参与指导教师的教学活动	全程参加并形成记录	2 学分
	院级试讲	每学期 2 次	2 学分
	院级专家随堂听课评价	每学期 1 次	2 学分
评价反馈（6 学分）	教学反思和总结	每学期 2 次	2 学分
	考核试讲	每学年 2 次	4 学分
总学分		1 学年	30

五、其他要求

1. 新入职教师，须在规定时间内取得"许昌学院新入职教师岗前培训合格证书"后，方可独立讲授相关课程。

2. 新入职教师初次培训并经考核后，如果没有取得"许昌学院新入职教师岗前培训合格证书"的教师，继续下一轮的培训培养，经过两轮培训仍未取得证书者交由人事处建议调整岗位。

3. 已在本科院校从事本科教学并取得讲师以上职称的调入者除外，但必须参加学校的相关培训。

六、附则

本方案自公布之日起执行，由教师发展中心负责解释。

许昌学院

2022 年 6 月 21 日

后　记

　　高校教师智慧教学能力，已经成为新时代教育变革、高等教育高质量发展的重要驱动力量。好风凭借力，扬帆正当时。我们在这个时间节点开展"TPACK 视域下高校教师智慧教学能力提升的研究与实践"研究，应该说是顺势而为，是顺应时代潮流、符合教育发展规律的重要举措，非常有意义。

　　在撰写的过程中，笔者不断摸索，克服种种困难，形成了较为丰富的知识体系。这也得益于我们研究团队一直在付出辛勤的汗水，贡献智慧，共同推进研究的进程。在研究中，我们精心组织与安排，扎实开展调查与研究工作，主动学习、分工协作，共同取得了一个个阶段性成果。这些成果不仅是我们的荣誉，更是团队的骄傲。这一切的背后，是我们研究团队对教育技术事业的热爱和执着追求，致力于推动高校智慧教育教学发展的愿望，为学校培养更多优秀的人才做出贡献的初心。这是我们不懈努力奋斗的动力源泉。

　　从内外影响因素看，高校智慧教学能力提升涉及学校顶层设计、职能部门牵头落实和教师个人意愿等多方因素共同合力的作用。学校层面，要大力创设智慧教学环境、做好智慧教学培训、完善相关评价激励机制等，比如搭建智慧化教学环境、智慧化的学生平台环境、智慧化的教师备课环境；教师个人层面，要对智慧教学更多关注和重视，要有提升智慧教学能力强烈意愿，比如要转换观念，提高认识，抓住各种机会提升各项技术能力，强化与课程、教学深度融合的能力，学会智慧技能，掌握智慧评价标准，科学引导学生，实现智慧教学。总之，高校应为教师提供更多的支持和帮助，而高校教师也应积极响应学校的号召，不断提升自己的智慧教学能力，共同推动高校智慧教学的进步和发展。高校和教师，只有做到双向奔赴、携手并肩，才能多方共赢，才能最终培养出更多具有创新能力和实践能力的优秀人才。

从研究成果的局限性来看，实践检验时间还相对较短，而且推广应用的范围还不够广，还有很多不完善的地方。尽管如此，我们研究团队不会气馁，相反，我们充满了活力和热情，我们愿意保持一种笨鸟先飞的心态，发扬愚公移山的精神，携手并肩，一如既往地坚持学习、探索、研究和实践。我们会积极利用现有理论进行实践，在实践的广度和深度上下更多功夫，以便更好地发挥理论的实际应用价值。通过实践来修正和完善我们的理论成果。此外，我们也希望通过不懈的努力，为河南省乃至全国高校智慧教学发展贡献一份力量，为高等教育教学改革尽一份微薄之力。我们深知这是一个长期而艰巨的任务，但我们愿意为此付出努力，因为我们相信只有通过创新实践才能真正推动教育的发展，实现高等教育的改革。

我们坚信，只要我们坚持学习、探索、研究和实践，乘势而上，抓住机遇，一定能够为高等教育的发展贡献出我们的力量。无论遇到多大的困难和挑战，我们都会保持乐观和坚韧的态度，继续前行。我们将携手并肩，共同为高等教育的繁荣发展而努力，为实现我们的梦想和目标而奋斗。

在此书的付梓之际，写下这些感慨和感谢。感谢团队成员的辛勤付出和无私奉献，感谢省教育厅和学校职能部门领导的支持与信任，感谢研究过程中所有帮助过我们的人。我们会继续努力，为高等教育的改革和发展继续贡献我们的力量。

作　者

2023 年 11 月于许昌